定位经典丛书

商战

[美] 艾·里斯（Al Ries）©著
杰克·特劳特（Jack Trout）

顾均辉◎译

MARKETING
WARFARE

机械工业出版社
CHINA MACHINE PRESS

图书在版编目（CIP）数据

商战 /（美）艾·里斯（Al Ries），（美）杰克·特劳特（Jack Trout）著；顾均辉译. —北京：机械工业出版社，2016.12（2025.9 重印）
（定位经典丛书）
书名原文：Marketing Warfare

ISBN 978-7-111-55410-3

I. 商… II. ①艾… ②杰… ③顾… III. 营销战略 IV. F713.50

中国版本图书馆 CIP 数据核字（2016）第 269932 号

北京市版权局著作权合同登记　图字：01-2010-5166 号。

Al Ries, Jack Trout. Marketing Warfare, 20th Anniversary Edition.
ISBN 978-0-07-146082-8
Original edition copyright ©2006 by The McGraw-Hill Companies, Inc.
All Rights reserved. No part of this publication may be reproduced or transmitted in any form or by any means, electronic or mechanical, including without limitation photocopying, recording, taping, or any database, information or retrieval system, without the prior written permission of the publisher.
This edition is authorized for sale in the Chinese mainland (excluding Hong Kong SAR, Macao SAR and Taiwan).
Simple Chinese translation edition copyright ©2023 China Machine Press. All rights reserved.

版权所有。未经出版人事先书面许可，对本出版物的任何部分不得以任何方式或途径复制传播，包括但不限于复印、录制、录音，或通过任何数据库、信息或可检索的系统。
此中文简体翻译版本经授权仅限在中国大陆地区（不包括香港、澳门特别行政区和台湾地区）销售。
翻译版权 ©2023 由机械工业出版社所有。

商战

出版发行：机械工业出版社（北京市西城区百万庄大街 22 号　邮政编码：100037）
责任编辑：冯小妹
责任校对：董纪丽
印　　刷：北京中科印刷有限公司
版　　次：2025 年 9 月第 1 版第 17 次印刷
开　　本：147mm×210mm　1/32
印　　张：8.5
书　　号：ISBN 978-7-111-55410-3
定　　价：79.00 元（精装版）

客服电话：(010) 88361066　68326294

版权所有·侵权必究
封底无防伪标均为盗版

谨以此书献给有史以来最伟大的商业战略家：
卡尔·冯·克劳塞维茨

此书还要献给两位原著作者、
如今的商业战略大师：
艾·里斯和杰克·特劳特

MARKETING WARFARE

序　言

现在看来,《商战》首次出版时[一],大竞争时代远未到来。10年[二]之前,"全球经济"尚不存在;现在我们习以为常的各类技术还仅是硅谷一些工程师的初步设想,全球商业几乎只是跨国公司的专利。

一切都已改变。相比今天的市场环境,我们第一次所描述的商业竞争只是一顿下午茶。商业战争日益升级,并在世界每个角落开枝散叶,残酷的市场竞争无处不在。

由此看来,《商战》所讲述的原则比以往任何时候都显得更为重要。企业必须学会如何面对竞争对手,避其锋芒而攻其弱点。

各类企业必须认识到,你不是要与敌人决一死战,而是要置敌人于死地。

本书强调正确战略的重要性。《商战》为大、中、小型公司提供了在21世纪谋求持续发展的战略模型。

本书内容在商学院是绝对学不到的。

[一] 英文版首次出版是在1986年。——编辑注
[二] 本书英文版(即20周年纪念版)于2006年出版,故此处的10年前应为1996年。下文如无特别标注,均按2006年为基准计算时间。——编辑注

MARKETING WARFARE

前　言

　　为什么要重新出版一本有 20 年历史的书，尤其是在不断翻印的情况下（上次查看排名发现，《商战》在亚马逊网站位列 9 706 名）？

　　《商战》出版 20 年后仍在不断翻印，大多数商业书籍都未能存活如此之久，单凭这一点就表明《商战》绝对值得再读一遍。此外，我们在咨询服务过程中发现，许多公司忽视了本应遵循的基本战略原则。

　　《商战》是一本关于战略的书，这不同于我们其他许多书籍，它们以战术层面的建议为主。我们经常听到有关商业惨败的抱怨："你其中一本书说这是个好办法，但为什么没奏效呢？"

　　推出第二品牌是我们反复推荐的一种战术。许多公司尝试推出第二品牌，但收效甚微。获知这种情况时，我们往往会说："等一下。你的公司规模较小，应该采取游击战术，而不是像领导者那样推出第二品牌。"

　　大公司往往错失推出第二品牌的良机。它们希望专注于单一品牌，但这却是侧翼战或游击战最应采取的战略。

　　此外，排行老二的企业总是在模仿领导者，它们基于一个假设：领导者一定知道如何成功。但恰恰排行老二的企业应该采取与领导者对着干的战略，而这一点，许多企业人士并未意识到。

制定商业战略时首先要问自己:"我要打一场什么形式的战役?"

卡尔·冯·克劳塞维茨是本书推崇的英雄,其著作《战争论》于1832年首次出版,至今仍在不断翻印,并被世界各地军事院校奉为圣经(上一次查证发现,该书在亚马逊网站排名13 294)。

如果《商战》能同样经久不衰,我们会非常高兴。

MARKETING WARFARE

目 录

序言
前言

引言　**商业即战争**
如今，商业的本质已非服务顾客，而是智取、迂回并击败竞争对手。简而言之，商业即战争，敌人即竞争对手，战场即顾客心智。………… 1

第 1 章　**2 500 年的战争**
人类有史以来最伟大的战争能够使商业人士受益匪浅。………11

第 2 章　**兵力原则**
兵力原则是克劳塞维茨提出的第一原则。大鱼吃小鱼，强大军队击败弱小军队。而商业亦是如此，大公司击败小公司。……27

第 3 章　**防御优势**
防御优势是克劳塞维茨提出的第二原则，任何军事指挥官都不会在形势不利的情况下出击。然而，有很多商业将领却会向严守在战壕里，且处于防御优势的竞争对手发起进攻。就像巴拉克拉瓦战役的卡迪根将军和葛底斯堡战役的李将军一样，许多商业将领都在兵力不足的情况下，向占有制高点的竞争对手发动进攻。…………37

第 4 章　新竞争时代

商业语言实际上引自军事术语（例如，"发起一场商业竞赛"）。我们一言一行有如军事将领，只是思维和计划制订方式不同而已。是时候将军事战略原则应用于商业竞争，进而提高成功概率了。………45

第 5 章　战地性质

商业不存在像药店或超市那样的实体战场，也不是发生在底特律或达拉斯等城市的大街上，商战在顾客的心智中打响。心智才是商战的真正战场，但其诡异且难以捉摸。……51

第 6 章　战略形式

商战并非只有一种作战形式，具体讲有四种。你要做出的首要且最重要的决策就是采用何种商战形式，这取决于你在竞争环境中所处的位置。各行各业都可以据此选择自己的战略形式。………57

第 7 章　防御战原则

只有市场领导者才能打防御战。防御战要遵循三项原则，最令人意外的是"最佳的防御就是勇于自我攻击"。………65

第 8 章　进攻战原则

发动进攻战的往往是市场排名第二或第三的企业。进攻战的关键是要找到领导者强势中的弱势，并聚而攻之。………79

第 9 章　侧翼战原则

侧翼战是最具创新性的商战形式，历来最成功的商战案例大多采用侧翼战。…………97

第 10 章　游击战原则

商业中大多数参与者都应该采用游击战。只要不盲目模仿行业巨头，小企业一般都能大获成功。………117

第 11 章　可乐战

百事可乐在与可口可乐的可乐大战中攻城拔寨，渐占上风。其中一个主要原因是，后者未能有效利用其战略优势。…………137

第 12 章　啤酒战

下至全美数百家地方性啤酒厂，上至少数几家全国性啤酒厂，啤酒行业面临全面整合。这一时期，小规模啤酒厂应集中兵力应对强敌，但它们却背道而驰。……………165

第 13 章　汉堡战

麦当劳继续主导汉堡市场，但汉堡王和温迪斯快餐运用商战经典原则取得了一定进展。……………187

第 14 章　计算机战

蓝色巨人（IBM）是有史以来最出色的商战强敌。但即便如此，IBM 在别人的战场作战时依然输得一败涂地。……………201

第 15 章　战略与战术

既然形式应服从于内容，战略理应服务于战术。换言之，战术结果是战略的最终目标，也是唯一目标。制定战略应自下而上，而非自上而下。只有深入详细了解战场实际情形的将军，才能制定有效战略。…………227

第 16 章　商业领袖

当今企业界呼唤更多商业领袖，勇于承担规划并指导全盘商业战略的责任。未来商业领袖的关键特质是灵活性、决断力和无所畏惧。………247

结束语 ………259

战略形式

防御战适用于市场领导者。

进攻战适用于市场第二企业。

侧翼战适用于规模再小一些的企业。

游击战适用于地方或区域企业。

防御战

1. 只有市场领导者才能打防御战。
2. 最佳的防御就是勇于自我攻击。
3. 强大的进攻必须及时封杀。

进攻战

1. 领导者的强势地位是主要的考虑因素。
2. 找到领导者强势中的弱势,并聚而攻之。
3. 尽可能在狭长地带发起攻击。

侧翼战

1. 最佳的侧翼战是在无争地带展开。
2. 战术奇袭是作战计划中最重要的一环。
3. 追击与进攻同等重要。

游击战

1. 找到一块小得足以守得住的阵地。
2. 无论多么成功,都不能效仿领导者。
3. 一旦有变,随时准备撤退。

> 战争属于商业竞争的范畴,同样也是人类利益和活动的冲突。
>
> ——卡尔·冯·克劳塞维茨

引 言
商业即战争

MARKETING
WARFARE

《战争论》所蕴含的任何一种观点都与商业领域直接相关。正如克劳塞维茨所述,"战争属于商业竞争的范畴"。

最优秀的商业著作并非出自哈佛教授之手,也不是由通用汽车、通用电气或宝洁公司的人士所写。

我们认为,最优秀的商业著作出自普鲁士退役将军卡尔·冯·克劳塞维茨之手,这本1832年出版的《战争论》描述了所有成功战役背后的战略原则。

克劳塞维茨是一名伟大的战争哲学家,他的思想和观念足足影响了后世150多年。时至今日,《战争论》的观点仍被美国西点军校、英国桑赫斯特皇家军事学院和法国圣西尔军校等知名军事院校广泛引用。

自《战争论》首次出版以来,战争已发生巨大变化。坦克、飞机、机枪和其他各种新武器层出不穷,但是,克劳塞维茨适用于19世纪的思想,如今仍然适用。

克劳塞维茨第一次意识到,武器可能会变化,但战争本身却有两种永恒特征:战略与战术。他对战争战略原则的清晰诠释可以成功地引导军事指挥官们进入 21 世纪。

商业需要新理念

商业的经典定义使人们相信,商业活动必须满足消费者的需要和需求。

美国西北大学的菲利普·科特勒认为,商业是"人类通过交换过程满足需要和需求的活动"。

美国市场营销协会将商业定义为"引导商品和服务从生产者流向消费者的一系列经济活动"。

密歇根州立大学的 E. 杰罗姆·麦卡锡认为,商业是"通过预测顾客或客户需求,并引导满足需求的商品和服务从生产者流向顾客或客户,从而实现组织目标的各种活动"。

哥伦比亚大学的约翰 A. 霍华德提出的概念或许是"需要和需求"理论的最完整阐释。霍华德指出,商业由下列过程构成:①确定客户需求;②根据组织生产能力将需求概念化;③将概念同组织的适当能力相联系;④根据先前确定的客户需求,使随后的生产概念化;⑤将此概念同客户相联系。

这就是当今实现成功商业的五大步骤

美国市场营销协会于 2005 年提出一种新的商业定义:"商业是一种组织职能,以及用于为顾客创造、沟通和传递价值,并以有利于组织及股东的方式管理顾客关系的一系列过程"(仍未提及竞争)。

吗？需求确定、概念化和联系就能够帮助美国汽车公司在与通用汽车、福特和克莱斯勒的竞争中占得上风？况且还有丰田、达特桑和本田等进口车品牌！

假定美国汽车公司通过确定顾客需求，制定相应的产品策略。如此一来，其生产的一系列产品将与通用汽车大同小异，而后者花费数百万美元研究同一市场并确定完全相同的顾客需求。

难道这就是商业的全部内涵吗？难道胜利必定属于商业调研工作更出色的一方？

显然，一定是哪里错了。美国汽车公司忽视顾客需求时反而更加成功了。作为一款军转民产品，吉普是一次非常成功的尝试。然而，美国汽车公司的客车却一败涂地。

商业调研很难无中生有出吉普这款车型。同样，确定顾客需求，也无法帮助追随者超越领导者。

通用汽车从军用产品中汲取灵感并推出了民用版悍马汽车，成为近年来为数不多的成功车型之一。但随着油价的居高不下，悍马的成功恐怕无法持续太久。

顾客导向

商业人士通常秉承顾客至上的原则，他们不断要求管理层以顾客而非生产为导向。

第二次世界大战以来，"顾客是上帝"这一观念得到广泛认同，统治着全球商业界。

但现在,"顾客是上帝"这个观念已经落伍了,商业人士就像是在向管理层推销毫无价值的观念。

很多企业虔诚地遵循市场专家以顾客为导向的建议,并付出辛苦的努力,却还是眼睁睁地看着数百万美元打了水漂。

为探究陷入此种困境的原因,我们必须回到商业以生产为导向的 20 世纪 20 年代,那正是亨利·福特事业的全盛期,以至于他会说:"你可以要任何颜色的汽车,只要它是黑色的。"

20 世纪 20 年代,商业以生产为导向。

在产品时代,商业催生了广告。广告专家认为,"大量广告催生大量需求,标志着大规模生产成为可能"。

第二次世界大战结束后,各行各业的龙头企业开始以顾客为导向,市场专家掌控一切,市场调研成了首要任务。

20 世纪 50 年代,商业开始以顾客为导向。

但在今天,每个企业都以顾客为导向,既然多数企业都能满足客户需求,那么了解客户需求就无多大作用。美国汽车公司的问题不是是否以顾客为导向,而是如何应对与通用汽车、福特、克莱斯勒以及各种进口品牌汽车的竞争。

今天，商业必须以竞争为导向，这种趋势比本书20年前首次出版时更加明显。就当今市场而言，好产品并不一定能取得成功，你需要具备一种竞争优势，这种优势来自竞争导向。若要成功，必先与众不同。

竞争导向

如今，企业必须以竞争为导向方能获得成功。首先要从竞争对手的定位中找到弱点，然后聚而攻之。近期许多成功的商业案例都证明了这一点。

例如，当其他计算机公司亏损数百万美元时，数字设备公司却利用IBM在小型计算机领域的弱点盈利数百万美元。

如出一辙的是，赛文（Savin）公司利用施乐复印机系列产品的短板，成功登陆小型廉价复印机的滩头堡。

在竞争激烈的可乐市场，百事可乐利用年轻人的喜爱挑战可口可乐的地位。与此同时，汉堡王借助"烤而不炸"逐步蚕食麦当劳市场。

有人说，精心策划的商业计划总是包含了竞争分析，事实确实如此，制订计划时通常需要进行竞争评估。商业计划主体往往涉及市场情况，阐述各个细分市场和各类顾客访谈、样本试验，以及市场测试带来的大量客户统计数据。

未来的商业计划

未来的商业计划将有更多的内容涉及竞

争对手分析，计划书将详细分析市场上每一位参与者，列明它们的优势和劣势，同时给出行动方案，以防御强势、攻击弱势。

甚至会有那么一天，计划书将为竞争对手每位主要负责人专门建立一份档案，载明他们惯用的战术和行事风格（类似于德国人在第二次世界大战期间为盟军指挥官设立的档案）。

这对未来的商业人士有何启示？

这意味着，他们发动商战，必须做好准备。成功的商战越来越像军事行动，企业事前必须制订作战计划。

战略规划的重要性将日益提高。企业必须学会如何向竞争对手发起正面进攻或侧翼包抄，如何坚守阵地，以及如何、何时打游击战。企业需要更好的情报工作，掌握、预测竞争对手的动向。

对个人而言，成功的商业人士必须拥有伟大军事将领一样的素养：勇敢、忠诚和坚毅。

一场军事战争中，有两支或多支以上的军队为争夺领土控制权而展开厮杀。例如在伊拉克，美国及其盟军打击当地叛乱者，以攫取国家控制权。

克劳塞维茨或许是对的

商业就是战争，敌人即竞争对手，目标就是取胜。

这是否有点小题大做呢？并非如此。从

足球比赛和商业竞争的对比中可见一斑。

在足球赛中，进球最多的球队获胜；在商业竞争中，销量最多的企业获胜。由此看来，两者并无本质区别。

但如果将商业竞争方法用于足球比赛，结果会是怎样呢？

将一名企业经理安插到一支足球队中，要求他把球门线作为进球点（即实现销售）。接下来，看这位经理如何排兵布阵，带领球员带球冲向球门线。

即使非足球专业人士也能看出，直接带球扑向球门会造成一定的灾难性后果。

若要在足球比赛中获胜，你需要智取、侧翼包抄来得分，记分牌上的进球数，正是对你这种能力的直接反映。

若要在战争中取胜，同样需要智取、侧翼包抄并击垮敌军，你所占领的阵地，正是对你这种能力的直接反映。

商业与战争并无本质区别。

为什么数百种关于商业的概念几乎从未提到过"竞争"一词，也没有提到过其本质特征呢？

现如今，商业的本质特征是企业之间的竞争，而非满足人们的需要和需求。

如果人们的需要和需求在商业竞争中得

商战中，两家或以上的企业为争夺顾客而战。与军事战争不同的是，商战永不停息。

商业是企业为赢得市场竞争而采用的战略与战术。

根据卡尔·冯·克劳塞维茨和众多伟大军事思想家的观点，我们重新定义商业。

到满足,则竞争的延续符合公众利益,但不要忘记商业的真正本质。

为商战正名

你可能不赞同将军事原则直接应用于商业。历史告诉我们,在战争时期战争已着实令人恐怖,人们不愿意在和平时期再谈战争了。

自由企业制度反对者很可能也会反对商业遵循战争原则,那就让他们反对去吧。

即使是自由企业制度的拥护者也可能觉得商战的提法有点夸大其词。如果你是他们中的一员,我们建议你考虑"战争"这一比喻结果,而不是比喻本身。

对近十年美国商业史的调查表明,如若利用战争原则,美国无线电公司、施乐公司、西部联盟等企业许多记录在案的巨额亏损都完全可以避免。研究战争不仅仅是研究如何取胜,还应探讨如何避免失败。

美国经济更需要提防的是大企业无节制和无意识地冒进,而不是商业人士运用战争艺术进行巧妙的商业竞争。

若要参与自由企业竞争,首先必须学会商战原则。

近年来承受巨额亏损的公司包括安然、世通、环球电讯和阿德菲亚。公众关心的是大公司欺诈问题,但问题的症结并不在于欺诈,而是欺诈性战略。例如,安然涉足不同行业正是犯了"兵力分散"的典型军事错误,安然从一家管道公司逐步涉足全球电力、通信和气候安全,以及电厂开发、建设和运营。如果安然专注于利润较高的管道业务,后面就完全没有必要做假账了。

基本原则：兵力优势。无论何时，都应该首先尽力做到这一点。

——卡尔·冯·克劳塞维茨

第1章
2 500 年的战争

MARKETING
WARFARE

如果说商业即战争，那么我们就来认真讨论一下。让我们从战争史开始，战争史本身值得研究的东西有很多。

按照威尔和阿里尔·杜兰特的记载，在过去3 438年有文字可考的历史中，只有268年没发生过战争，人类历史大都详细记载了成功的军事战役和战斗。

早在耶稣基督诞生之前，世界各地就已有正规军队在战场上短兵相接，无数次的两军对垒使得军事战略日臻完善。

马拉松之战：公元前490年

15 000名波斯（即今天的伊朗）士兵登陆雅典东北部马拉松海湾，11 000名雅典士兵前来迎战。希腊士兵数量上不占优势，但有一项较为突出的优势，即步兵方阵。每名希腊士兵手持盾牌，与相邻士兵互为遮挡，既保护了自己，又保护了位于自己左侧的人。

波斯士兵无法适应这种步兵方阵，他们习惯于单打独斗，6 000 名波斯士兵被 200 名雅典士兵击溃。

马拉松之战牢固地确立了协同作战和集中兵力的军事战术。

当然，我们之所以能够记住这场战役，是因为士兵菲迪皮茨的英勇行为。他跑了 22 英里^㊀到雅典传递消息——"欢庆吧，我们胜利了！"说完，他倒地而亡。

现如今，马拉松运动员要跑 26 英里 365 码^㊁。当然，他们赛前无须先和波斯士兵交战。

希腊方阵是一个革命性概念，使战士们能够协同作战。商业中与其相对应的概念是"聚焦"，它是获得商业突破的强大武器。

阿贝拉之战：公元前 331 年

150 年后，亚历山大大帝登上历史舞台。亚历山大师从亚里士多德，还是《荷马史诗》的忠实读者。他勇敢而谨慎，就像是早期的托马斯·沃特森。

多瑙河战役取胜后，亚历山大匆忙赶回老家，发现大流士带领波斯军队来袭。大流

㊀　1 英里 =1.609 344 千米。

㊁　1 码 =0.914 4 米。

士从300贤能中雇用德摩斯梯尼（人类历史上最早的广告代理人之一），德摩斯梯尼到处散布"亚历山大军队已全军覆没"的谣言。

厉兵秣马多年后，一场决定性的战役于公元前331年在阿贝拉爆发了。历史上大多数军事战役都被详细记载下来，即使2 300多年后的今天我们依然能清晰了解双方军队的战斗序列（宝洁公司的商业计划书是否能保存2 000多年）。

大流士以传统方式部署军队，将15头大象和200辆战车列于阵前。相比而言，亚历山大的排兵布阵更具创造性，两翼部署骑兵（这一阵形在之后2 000年被不同形式地加以利用）是亚历山大获胜的关键。战斗开始时，亚历山大军队右翼在骑兵引领下发动侧翼攻击，此举诱使波斯军队攻击亚历山大军队左翼，而亚历山大率领灵活机动骑兵绕到敌人中后部，从右翼击溃了波斯军队。

亚历山大大获全胜，成为"王中之王"，20世纪军事思想家B. H. 李德·哈特称此役为"间接攻击军事战略"。

李德·哈特指出，成功的军队在作战时总是"出奇制胜"。

像其他许多伟大的军事指挥官一样，亚历山大大帝总是冲锋在前，为此曾多次负伤。亲自参战的主要优点是几乎可随时改变战术。阿贝拉战役中，他指挥机动骑兵包围波斯军队侧翼，战术效果显著。商场如战场，能随时调动兵力往往是取胜的关键。

梅陶罗河之战：公元前 207 年

接下来出场的是军事强国罗马。公元前 207 年，在梅陶罗河畔，罗马展示了其强大的军事实力。

当时正值迦太基（现称黎波里）军队疯狂进攻意大利，由两兄弟（南部的汉尼拔和北部的哈斯杜鲁巴）率领的迦太基军队以大象打头阵，这是 20 世纪装甲作战的始祖。

由于两兄弟犯了分散兵力的致命错误，尼禄（将军，而非小提琴家）采用集中优势兵力的经典军事原则将其击败。

尼禄首先率兵南下，向汉尼拔方向进发，但黄昏时分又掉头北上。经过人类历史上最艰难的快速行军之后，尼禄与罗马将军波尔基乌斯和利维尤斯会合，而两位将军当时正在同汉尼拔的兄弟哈斯杜鲁巴交战。

此次战役就像是阿贝拉战役的翻版。尼禄指挥军队从右侧包围哈斯杜鲁巴的左翼，进攻取得了意想不到的成功，尼禄赢得了世界军事史上空前绝后的胜利。

然而，历史总是垂青于失败者，而非胜利者。因此，今天我们只知道尼禄同名者（暴君尼禄，此次战役 250 年后登基）的罪行。

甚至连汉尼拔和他的大象军团知名度都

大象力量强大，但缺乏灵活性。梅陶罗河战役中，尼禄熟练指挥罗马军队击败哈斯杜鲁巴和他的大象军团。

比尼禄要高。俗话说,"胜利者说笑,而失败者举行新闻发布会。"

黑斯廷斯之战:1066 年

大约 1 000 年以后,威廉(又称"征服者威廉")领导的诺曼军队在英国黑斯廷斯小城改写了历史进程,与诺曼军队对阵的是英王哈罗德和他的撒克逊士兵。

正如大多数战役(无论是商战还是军事战役)一样,黑斯廷斯之战中双方互有一些小规模的胜利和失败。最后威廉认为,哈罗德本人,作为一位伟大的统帅,应是诺曼军队攻击的关键目标。

因此,威廉派遣 20 名诺曼骑士突破撒克逊人防线,去活捉哈罗德(而如今,我们会派遣 20 名律师,携带 5 年合同)。4 名诺曼骑士达成目标,并立即处死可怜的哈罗德国王。

事实证明,威廉是对的。看到国王被杀,撒克逊士兵的防线迅速崩溃,威廉大获全胜。

230 英尺⊖长的贝叶挂毯描绘了黑斯廷斯战役中诺曼骑士攻击哈罗德国王的情景。

克雷西之战:1346 年

然而,战争就像商业一样,从不会是单

⊖ 1 英尺 =0.304 8 米。

方面的。1346年爆发的克雷西战役，英国人成功复仇法国。

英格兰长弓是爱德华三世取得胜利的关键，这在当时是一种技术进步，与现代商战中新产品突破异曲同工。长弓堪称14世纪的机枪，使得步兵和弓箭手最终能够共同抵抗骑兵（刺死哈罗德国王的那种骑兵）。

虽然长弓射击速度比石弓快6倍，但需要技巧和训练才能操作。对于这种拉力100磅[⊖]、射程200码的长弓，培养一名技能娴熟的弓箭手需要6年的时间。

这就是为什么古代英国周日练习射箭是强制要求，而去教堂做礼拜却并不是。

（69年后的1415年爆发了阿金库尔战役，但法国人仍未吸取上次的教训，以至5 500名英国士兵重创20 000名法国士兵，重装骑兵再一次输给了长弓。）

商战中也可以直接挑战处于优势地位的竞争对手吗？

答案是肯定的，但你需要配备一把长弓。例如，哈洛德的静电复印和宝丽莱的蓝德相机便是这两家公司的"长弓"。

军事发展史上，很少有像英国长弓这样的革命性技术进步，英国凭借长弓称霸战场长达几十年。

以武器先进性决定胜负的军事战役屈指可数，而阿金库尔战役就是其中之一。商业亦是如此，企业人士经常将较小的技术优势错认为是"长弓"，进而轻率地挑战实力强大的竞争对手，结果可想而知。

⊖ 1磅=0.453 592 4千克。

魁北克之战是侧翼战的又一成功案例。英国步兵沿河而下,翻越悬崖从背后奇袭法军。

魁北克之战:1759 年

1759 年的魁北克之战,法国人再次遭遇惨败。詹姆斯·沃尔夫率领的英国军队出奇制胜,步兵在魁北克后方沿河而下,翻越"无法攀越"的悬崖峭壁,直抵亚伯拉罕平原。

同军事战役一样,商战中的最佳方式并不一定是直接进攻。一定要搞清楚,哪种作战方式最有可能动摇对手的根基。

不幸的是,詹姆斯·沃尔夫未能活着享受到这一胜利成果,他的对手路易斯·约瑟夫·德·蒙卡尔姆也未能幸存。这提醒我们,军事战争和商业战争都会有伤亡。

于双方而言,也如此。

邦克山战役:1775 年

16 年之后,战火烧到美国。波士顿郊外的邦克山,爆发了美国独立战争中最著名的一次战役。

令人遗憾的是,大多美国人对军事战争史了解有限,既不知道邦克山战役发生在哪座山上,也不知道哪一方最终获胜。

威廉·普雷斯科特率领的 1 000 名美军士兵驻扎于邦克山附近的布雷德山,他要求士兵"不要开火，直到你看见敌人的眼白"。下午3点钟，威廉·豪威将军率领3 000名英国士兵开始向山顶发起攻击，美国士兵直到穿着红色军服的英国士兵距自己50码时才开火。

瞬间，尸横遍野。向敌军布防严密的正面发动进攻导致英军损失惨重，参战的3 000名士兵伤亡1 000多人。

谁是最终胜利者？当然是英军。面对兵力是自己3倍的英军，美军最终折戟而归，两军兵力相差太悬殊了。

正面进攻遭受巨大伤亡后，英国军队最终占领布雷德山，这就是历史上的邦克山战役。

特伦顿战役：1776年

1776年的特伦顿战役可谓无人不晓。史书记载，乔治·华盛顿于圣诞夜带兵穿越特拉华河，击败处于优势的黑森雇佣兵。对吗？

非也。实际上，此役获胜的主要原因是华盛顿兵力数量多于黑森雇佣兵（2 000对1 500）。奇袭加上兵力优势是赢得胜利的关键，还有夜色掩护。

商战也是如此，不要低估克劳塞维茨的兵力原则。胜利往往属于兵力更多的军队，拿破仑·波拿巴有言：上帝站在兵力多的一方。

兵力优势加上奇袭，乔治·华盛顿获得他军事生涯中最著名的一场胜利。如果你在商战中也能如此，胜利几乎是板上钉钉。

拿破仑·波拿巴或许是有史以来最杰出的军事战略家。他总是通过仔细评估敌方实力，选择战役地点和部署兵力。商业也应如此，制定有效企业战略的第一步，是彻底研究竞争对手。

奥斯特利茨战役：1805 年

但是 1805 年，拿破仑在奥斯特利茨取得重大军事胜利时，兵力并不占优势。

拿破仑取胜的关键是机动灵活性。他诱使奥俄联军攻击其右翼，然后调动左翼扑向敌人相对薄弱的中心位置。

结果大获全胜，兵贵神速是拿破仑制胜的法宝。拿破仑声称，他的军队行军速度是敌军的 2 倍。他曾说过，"我可以输掉一场战斗，但绝不输掉一分钟时间。"

相比之下，商战又是如何呢？有多少分钟、小时、天，甚至是星期都白白浪费在规划、研究和市场测试当中？时间太宝贵，一去不复返，胜利的机会往往转瞬即逝。

（但在 1812 年的博罗季诺战役中，拿破仑忘记了奥斯特利茨战役的成功经验。他无视参谋的建议，一意孤行地将优势兵力投放到对俄国人的正面进攻当中。结果，30 000 名法国士兵在敌人遁入茫茫雪野之前阵亡；100 多年后，阿道夫·希特勒的军队重蹈历史覆辙。）

滑铁卢战役：1815年

3年后，威灵顿公爵阿瑟·韦尔斯利在比利时小镇滑铁卢将拿破仑彻底打垮，后者的辉煌宣告结束。

滑铁卢战役中，拿破仑实际在兵力上稍占优势：74 000名法军士兵对阵威灵顿率领的67 000名英军士兵。然而，拿破仑当时为进攻方，威灵顿处于防御战。拿破仑意识到，必须在普鲁士军队前来与英军及其盟友会合之前发起攻击。

克劳塞维茨的第二条战争原则是防御优势。坚固的防御阵地坚不可摧，很难攻克。

（基于竞争和资金投入，我们预测：雪佛兰将成为今年最畅销的汽车，佳洁士将成为最畅销的牙膏，麦当劳将成为销量最大的快餐企业。）

1815年6月18日傍晚7点30分，夜幕刚刚降临，拿破仑孤注一掷，命令10个营的近卫军向英军中部发起正面攻击，不断呼喊着："冲锋，冲锋，往前冲！"

在克劳塞维茨看来，"拿破仑用上最后的兵力储备，试图挽回一场不可逆转的败局。他用尽最后一点兵力，最终像乞丐一样，丢掉了战场，也丢掉了他的王冠。"

电影《滑铁卢》中威灵顿的扮演者克里斯托弗·普卢默和拿破仑的扮演者洛·史泰格，失败者的扮演者洛·史泰格毫无疑问地成为电影主角。尽管拿破仑一生辉煌，但在滑铁卢战役以及军事历史上其他众多战役中都是防守方获胜。相比而言，美国汽车公司却截然相反。因不断试图挑战行业领导者地位而连年亏损的美国汽车公司最终被克莱斯勒收购，后者摒弃了美国汽车公司除吉普以外的所有品牌。令人扼腕的是，美国汽车公司当初为什么没有采取这一措施？事实证明，吉普所开创的运动型多用途车SUV，后来成为汽车行业规模最大且利润最高的板块。"放弃亏损业务，专注盈利业务"几乎成为商业金科玉律。

巴拉克拉瓦战役采用轻骑旅冲锋是一种错误战术，是曲解命令的结果。同样的情况几乎每天都在商业领域上演：处于弱势的军队正面攻击处于优势的敌军，愚蠢至极！

名利有时不能双收。无论是商业还是战争，我们都倾向于赞美失败者（拿破仑·波拿巴、罗伯特 E. 李和卡莉·菲奥莉娜）而非胜利者（罗伯特·李众人皆知，但很少有人知道左边那个相貌古怪的人就是葛底斯堡战役获胜方将领乔治 G. 米德）。

拿破仑在滑铁卢的遭遇，对底特律的美国汽车公司有何种启示意义？

可否退出客车市场，聚焦利润颇丰的吉普车业务奋力一搏？

克劳塞维茨认为，"有条件的投降并不是一种耻辱。发誓战斗到最后一人的将军，不比即使败局已定仍要奋力一搏的棋手强多少。"

巴拉克拉瓦战役：1854 年

巴拉克拉瓦战役中，拉格兰勋爵领导的英军对阵俄军，俄军的统帅是……谁知道呢？记住，胜利者总是无名的（谁知道通用汽车或者宝洁公司的总裁）。

巴拉克拉瓦战役中出现了全世界最著名和最有效的冲锋。

作为有史以来最著名的冲锋，"轻骑旅冲锋"简直就是一场灾难。卡迪根勋爵率领他那著名的 600 壮士，径直冲入敌军重火力之下，瞬间溃不成军，伤亡惨重。

作为有史以来最有效的冲锋，"重骑旅冲锋"发生在同一个早晨。由于轻骑旅未能延续重骑旅的成功，拉格兰命令卡迪根进攻，然而命令不清被误读，招致灾难性后果。

葛底斯堡战役：1863 年

历史总是惊人的相似，不同的只是参与者。很多人都不知道 1863 年葛底斯堡战役中击败罗伯特·李的是谁。

那么，你知道获胜方将领是谁吗？不，不是尤里塞斯 S. 格兰特。

这个人是乔治 G. 米德，又一名淹没于滚滚历史大潮的无名胜利者。

共有几百本书描述了美国内战的这次决定性战役。如果李将军动作迅速一些，或者皮克特推迟冲锋，战局是否会被扭转？其实不然：从兵力来看，李将军握有 75 000 人，而米德却有 88 000 人。

因此，即使没有翻阅任何相关书籍，也能明白北方军队为何击败南方军队，战争的第一原则已经告诉我们结果。

兵力原则是"基本原则"。克劳塞维茨指出，无论何时，都应该首先尽力做到这一点，在决战之地投入尽可能多的兵力。

克劳塞维茨发现，在史上有记载的所有军事战役中，仅有两次胜利属于兵力处于弱势的一方（兵力比超过 2∶1）。绝大多数情况下，兵多者胜。

我们在球场上高唱《迪克西》和《星条旗》

机枪的使用彻底改变了战争的性质,其强大的防御能力完全压制了传统步兵攻击,盟军在索姆河会战中得到惨痛教训。20世纪50年代,电视改变了商战的性质,40年后的互联网又一次改变商战。

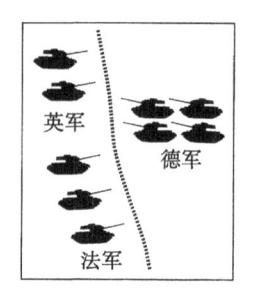

法国战役爆发初期,英军和法军坦克总数实际上多于德国(盟军3 142辆,德国2 580辆)。然而,德军集中装甲师兵力一举攻破色当。"在狭窄正面纵深突破"成为军事箴言,商战也应如此。

的人数差仅为13 000人。

索姆河会战:1916年

"最终决战"首先从机枪这种致命新武器开始,技术进步再次增强了防御方的实力(类似于20世纪五六十年代电视对商业的影响)。

1916年的索姆河会战有力地印证了这一点。在一周的炮火准备后,英法盟军于7月1日爬出战壕并全线挺进,等待他们的是德军猛烈的机枪火力。

仅第一天,盟军便伤亡50 000人;这场会战共持续140天,伤亡人数空前绝后。

而索姆河会战用大量生命换来的成果,不过是向前推进了5英里。

(第二年的康布雷战役中,英军首次将坦克用于战场,人们直到20年后才意识到这种技术进步的重要性。坦克第一天投入战场,军队就向前推进了5英里,几乎相当于索姆河会战步兵攻击推进的总距离。遗憾的是,步兵未能及时巩固战果,英军还是迅速败退。)

色当战役:1940年

竞争对手对你的了解往往甚于盟友对你

的了解。英军 1917 年在康布雷战役中投放的新技术（坦克），在 1940 年阿登森林色当战役中发挥了重要作用。

在这场经典的现代战役中，冯·伦德施泰特指挥的坦克兵团扑向盟军防御的薄弱环节（南部的法国马其诺防线和北部的英国远征军之间）。

法国军事专家曾经认为，"阿登森林完全不适合坦克作战"，他们大概是当年断言魁北克后方悬崖不可逾越的军事专家的后代吧。

随着德军步步紧逼，英军退出法国战场，并开始着手准备本土作战（不列颠之战）。

英吉利海峡是捍卫英国的天然屏障，它迫使德军转向争夺制空权。英军飓风式战斗机和喷火式战斗机在英国领土上空完全压制住了德国的梅塞施密特战斗机。

几年之后，随着美国陆军和德怀特·艾森豪威尔将军的登陆，兵力优势（大多数战争胜利的秘诀）开始显现。

如果有一个人完美地体现了商业和战争之间的相似性，那他必定是艾森豪威尔将军。他在办公室里工作，他出入提商旅包，他还配有一名秘书。

他说话都带有大企业家的口吻。艾森豪

服装几乎是军事将领和商业将领之间的唯一区别。伯纳德·蒙哥马利元帅曾经戏谑地说,"交战各方几乎无纸可用之时,战争便会结束。"

威尔将军在登陆欧洲之前告诫他的军队,"在我下达命令之前,不要做出无谓的牺牲。"

我们都知道那次登陆的结果。虽然打赢了军事战争,却输掉了商业战争。曾经的敌人——德国和日本,在全球商业战场上战胜了。

谁会是20世纪八九十年代商战的赢家?胜利将属于那些深刻汲取军事教训的商业将领,属于像亚历山大大帝那样运筹帷幄,像拿破仑·波拿巴那样调兵遣将,像乔治·巴顿那样骁勇善战的商业将领们。

在决战之地投入尽可能多的兵力。

——卡尔·冯·克劳塞维茨

第 2 章
兵力原则

MARKETING WARFARE

美国内战将领内森·贝福德·福瑞斯特，完美地诠释了战争的真谛："集结最多兵力，在最短时间内到达指定位置。"

你有多少次听公司员工说，爬到公司高层位置比守住高层位置更容易？

简直是无稽之谈。提出这种观点的人，大多是过于关注社会学研究而忽略商业竞争本质的人。

实际上，保持第一远比取得第一轻松，领导者（即山大王）可以利用兵力原则。

兵力原则是最基本的战争原则，其本质就是以多打少：大鱼吃小鱼，大公司击败小公司。

交战的数学法则

交战的数学法则告诉我们大公司经常获胜的原因。假设共有9名军人的红队，遭遇了由6名军人组成的蓝队。红队人数比蓝队多50%（9∶6，90∶60，9 000∶6 000），无论数字如何变化，原理始终不变。

再假设，平均每三次射击就有一次造成伤亡。

第一轮射击后，战局发生显著变化。红军9∶6的兵力优势转变为7∶3的优势，从50%的兵力优势转变为超过100%的优势。

随着时间的推移，致命的倍增效应不断延续。

第二轮射击后，6∶1的比例对红方更有利。

第三轮射击后，蓝军全军覆没。

注意双方之间的伤亡情况。优势兵力（红军）伤亡人数仅为弱势兵力（蓝军）的一半。

该结果可能与好莱坞电影虚构的情形完全相反：几个美国陆战士兵，在最后壮烈牺牲之前，消灭大量日军。

现实情况并非如此。当一辆大众甲壳虫迎面撞击通用大巴时会发生什么？大巴保险杠只有少许刮痕，甲壳虫几乎完全散架（你越强大，冲击者就摔得越惨）。

根据物理基本法则，两车碰撞时发生动能转换，大且重的车辆所遭受的破坏程度要小于小且轻的车辆。

盟国在欧洲赢得第二次世界大战的原因众人皆知，欧洲战场上德军与盟军兵力比为

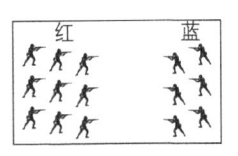

交战之初，红军兵力多于蓝军（9∶6）。

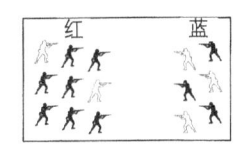

第一轮射击后，红军数量上多于蓝军（7∶3）。

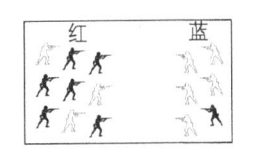

第二轮射击后，红军数量上多于蓝军（6∶1）。

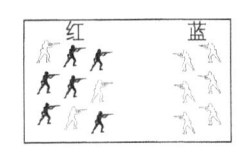

第三轮射击后，蓝军全军覆没。

埃尔温·隆美尔（世称"沙漠之狐"）是北非战区一名卓越的军事指挥官。他后来参与暗杀希特勒行动，不幸失败，搭上了性命。

1∶2。即使德军开创了现代战争，即使它拥有隆美尔和冯·伦德施泰特这样的出色将领，即使它拥有丰富的实战经验，都无法改变交战的数学法则。

在战争中，军事信息十分重要，以至于多数军队都设有情报部门，负责告知指挥官敌军的规模、方位和兵种（威廉 C. 威斯特摩兰将军与哥伦比亚广播公司之间的官司，主要聚焦于越南战争中情报部门的文件是否属实）。

商战中的数学法则

对于市场上互相厮杀的两家企业，上述原则同样适用，上帝垂青销售队伍庞大的公司。

在一个全新待开发的市场，销售人士较多的公司会获得更大的市场份额。

市场一旦瓜分完毕，大公司可能会继续蚕食小公司的市场份额。

大企业能够负担更高的广告投入、更多的研发投入以及更多的销售网点投入等，"富者愈富，贫者愈贫"便不足为奇。

难道小企业就永无出头之日吗？当然不是。我们撰写本书的原因之一，就是帮助它们在竞争中取胜（像通用汽车、通用电气和

IBM这些大企业，不借助克劳塞维茨提出的战争原则也能获得成功）。

然而，市场份额较小的小企业确实需要像战地指挥官一样思考。无论是军事将领还是商业将领都必须牢记战争第一原则——兵力原则。拿破仑曾说："兵力不占优势的军队若要取胜，必须在进攻点或防守点的兵力超越敌军。"

卡斯特如果能够将苏族兵力逐个山头击破，他将成为美国最著名的英雄之一。

军事将领深知兵力原则的重要性。因此，他们花费大量时间研究敌军的战斗部署。当然，为了鼓舞士气，军事将领往往会告诉自己的士兵他们是多么出色，且他们的装备是多么精良。

正如乔治·斯科特扮演的巴顿将军所说，"现在，我们拥有世界上最美味的食物、最精良的装备、最高昂的士气和最出色的官兵，我真是同情那帮将要被我们横扫的可怜家伙！"

许多商业将领都会犯这种错误，并最终成为自负的牺牲品，特别是当他们自认为拥有"优秀员工"或"更好的产品"时。

密歇根州门罗市屹立着一座乔治·阿姆斯特朗·卡斯特将军的雕像。他以全班倒数第一的成绩毕业于西点军校，在小比格霍恩河战役中因分散兵力导致全团覆灭。即使愚蠢者也会得到纪念，但不幸的是，往往要死后才能享受这一"荣耀"。

"优秀员工"谬误

管理者很容易让员工相信，即便在逆境中，企业依靠优秀的员工也能获胜，当然这也正是员工想听到的。确实，质量和数量都是商战中不可忽视的要素。

然而，数量优势如此具有压倒性，以至于它能抵消大部分质量优势。

可以肯定地讲，即使是全国橄榄球联赛成绩垫底的球队，在比对方多出一人的情况下，也能击败联赛中最强大的球队。

鉴于商业竞争中人数规模要比橄榄球队大得多，要累积质量优势就更加困难。

一个头脑清醒的管理者，不会把销售会议上鼓舞士气的言论与商业战场上的现实状况混为一谈；一个优秀的将领，从来不会把军事战略建立在全部依靠优秀士兵的基础上，商业将领也同样如此（威灵顿曾说，"我们的军队由一群人渣组成，完全是人渣"）。

很显然，如果你在企业内部用威灵顿的话来描述自己的团队，你会有大麻烦。管理者应该告诉自己的员工，他们是多么出色，但不要妄想以优秀员工素质赢得商战。

若要获胜，最终还是要靠更加出色的战略。

然而，许多公司却对人才战略深信不疑。

难道招收更出色的人才有什么不对吗？没有什么不对。但要注意的是，公司越大，员工趋向平均水平的可能性就越大。胜败极少取决于人才素质，但往往取决于所制定的战略。管理学教科书通常认为，扭转公司颓势首先需要招入更加出色的人才，然后再要求他们制定更加有效的战略。但一家面临困境的公司如何能吸引到出色的人才？好的办法是，首先制定一项更加有效的战略，然后才能吸引更优秀的人才。

它们认为自己能招募到比竞争对手更优秀的人才，加之它们出色的人才培训计划，就能够始终保持它们的人才优势。

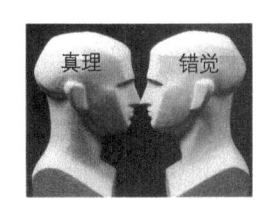

任何统计专业的学生都会对此嗤之以鼻。诚然，我们能够招募到少数出色人才，但公司越大，员工平均素质就越趋向于平均水平。

对于超大型公司而言，组建高素质团队的统计学概率几乎为零。

最新数据表明，IBM 共有 369 545 名员工，而且数量还在迅速增长。就绝对数量而言，IBM 可能比其他公司拥有更多高素质人才，但这并不意味着他们更聪明。

IBM 正以艾森豪威尔式的战略赢得计算机大战。竞争对手有 2 人时，IBM 就有 4 人；竞争对手有 4 人时，IBM 就有 8 人。

许多商业人士都认为，真理站在他们一边，他们唯一的问题就是改变潜在客户心智中的错误认知。

"更好的产品"谬误

许多企业管理者头脑中另一个根深蒂固的错误观念是，他们相信更好的产品必然会在商战中取胜。

大多数企业经营者相信，"是金子总会发光的"。

换句话说，如果有更好的产品，只需通过出色的广告代理商将这些更好的产品传播

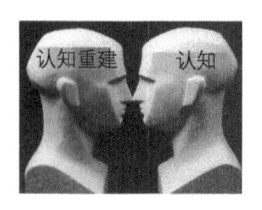

比较好的方法是接受顾客的认知为事实，然后加以利用。安飞士承认自己在租车顾客心智中处于第二的位置，利用这一认知，它说："安飞士在租车业排老二，那为什么还选择我们呢？因为我们更努力。"

出去，然后由优秀的销售团队实现交易。

我们称之为"由内而外思维"。企业很清楚自己产品更好的"事实"，因此认为广告代理商或销售人士可以利用这个事实，消除潜在顾客心智中的错误认知。

不要异想天开了，通过广告或销售推广无法轻易改变认知。

什么是事实？每个人头脑里都有一个小黑匣子。人们碰到广告或销售推广时，会瞅瞅他的小黑匣子，然后说"这是对的"或"那是错的"。

在今天的商业竞争中，最徒劳无益的事情就是企图改变人的心智。心智一旦形成认知，便几乎无法改变。

什么是事实？事实就是潜在客户心智里的认知。这可能不是你认同的事实，但却是你可以遵从的唯一事实。你必须先接受这个事实，然后再来应对这个事实。

"如果你真的这么聪明，那你为什么不富有？"

即使你成功说服潜在顾客你的产品更好，他们很快就会接着问："既然你生产的电脑比IBM更好，那为什么IBM是老大而你不是呢？"

就算你说服了一些人的心智，但他们很快也会因大多数尚未被说服的人动摇。

如果你真的这么聪明，那你为什么不富有？这是一个很难回答的问题。商战中仅仅依靠事实，你并不一定能赢。

当然，通常还有这样一种错觉：长远来看，更好的产品终会胜出。但是，你要知道，无论是军事史还是商业史，都是由胜利者而非失败者撰写的。

赢家总是对的。胜利者总是有"更好的产品"，也只有他们总是能这么说。

> 防御战,从本质上讲比进攻战更加强大。
>
> ——卡尔·冯·克劳塞维茨

第 3 章
防御优势

克劳塞维茨提出的第二项原则就是防御优势原则。

任何军事指挥官都不会在形势不利的情况下出击。经验表明，进攻若要取得成功，至少应该在进攻地点投入敌方的 3 倍兵力。

然而，又有多少商业将领会在兵力完全不足的情况下贸然进攻呢？像巴拉克拉瓦战役的卡迪根将军和葛底斯堡战役中的李将军一样，许多商业将领发动进攻时，其广告和商业费用投入明显不足，仅为对手的 1/2、1/3，甚至是 1/10，结果可想而知。

防御战的数学法则

在开阔地带两军对垒，胜负很快见分晓，打赢的总是兵力较多的一方。

但如果其中一方处于防守状态，结果会

战争和商业中，防御方总是更占优势。

怎样呢？这会对战争的数学法则有影响吗？

假设一名红军军官率9名士兵交火一名蓝军军官指挥的6名士兵（兵力优势为50%），但蓝军处于防守状态，掩护于战壕或散兵坑内。

对蓝军士兵而言，命中概率还是一样，每3次射击击中一名红军士兵。

但在蓝军处于防御优势的阵地，红军士兵的命中概率会大幅下降，红军士兵每9次射击而不是3次，才能击中一名蓝军士兵。

（这种情况与"说服式销售"的难度相同，从市场地位稳定的对手那儿抢生意，要比争取没有任何品牌倾向的潜在顾客困难得多。）

第一轮交火后，红军兵力仍多于蓝军，但优势仅为7∶5。第二轮交火后，优势进一步降低至5∶4。第三轮交火后，双方军队兵力持平（4∶4）。

红军以50%的兵力优势发起进攻，但现在双方兵力相当。失去兵力优势的红军指挥官想必此时会取消进攻。

胜利果实

纵观整个人类军事发展史，防御战被证明是一种更强有力的战争形式。朝鲜战争

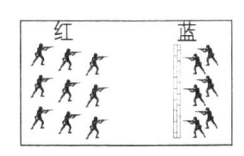

进攻方（红军）数量上超过防御方（蓝军）(9∶6)。

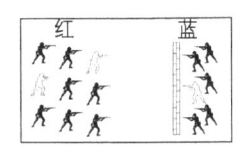

第一轮交火后，进攻方和防御方兵力比例达到7∶5。

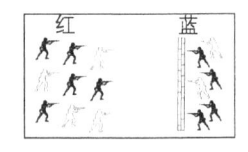

第二轮交火后，进攻方与防御方兵力比例为5∶4。

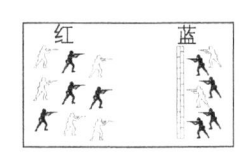

第三轮交火后，双方兵力持平。

中，美国打赢了南部防御战，但输掉了北方进攻战。

英国在殖民地进攻战中失利，但在滑铁卢防御战中获胜。

就像在全美橄榄球联赛，教练会告诉队员，"进攻使比赛极具观赏性，但防守才是胜利的关键。"

如果防守如此具有吸引力，为何还要发起进攻战？答案是：品尝胜利果实。若能打赢一场商战，并成为行业领导品牌，你就可以长期享受胜利果实，这是因为老大可以采用一种更强大的战争形式——防御战。

对1923年以来25个行业领导品牌的跟踪调查有力地证明了这一点。60年过去了，仍有20个品牌处于行业首位，4个品牌位居次席，1个品牌位列第5名。

60年间，只有5个品牌失去了领导地位。这印证了一句老话——"国王难废黜"。

象牙肥皂、金宝汤和可口可乐软饮料都是各自行业的巨头，若要撼动其强大的市场地位，则需要巨大的投入且战略正确并坚持不懈。

勿逞英雄

经营者头脑中最大的误区就是低估了防

永备
家乐氏玉米片
曼哈顿
象牙
棕榄

80年后的今天，25个品牌中仅有5个品牌失去领导地位。例如，永备受到金霸王的侧翼攻击，失去了电池行业的领导地位。

御的巨大力量。

进攻战的魅力和对胜利的憧憬使得经营者急于操起长矛，冲向最近的那个在战壕中固守的竞争对手。

商战中，"轻骑兵进攻"最为悲壮。典型案例包括美国无线电公司和通用电气公司在电脑硬件领域挑战 IBM，埃克森（Exxon）和雷立（Lanier）在办公室自动化方面对抗 IBM，以及西联在电子邮件业务上挑衅所有对手。

"英雄主义"是许多渴望为自己公司战斗或奉献的企业管理者的通病。如果你参与商战的目的就是希望"荣耀覆身"，那这本书并不适合你。

巴顿将军曾说，"请大家记住，没有人仅凭为国牺牲就能赢得战争。要想打胜仗，得让敌人为他的国家献身。"

IBM 不制造英雄，也没有在"献身"后授出的荣誉勋章。大多数失败者会告诉你，关爱并不是一剂良药，这一点胜利者可能很难体会。

这是大型计算机行业追随者正面攻击领导者的经典案例。该广告计划实施后不久，美国无线电公司宣布退出计算机市场，代价是资产蒸发 4.9 亿美元。

前有古人，后有来者。几年之后，Sperry 在 PC 市场向 IBM 发动进攻，结果是折戟而归，Sperry 最终退出 PC 市场。

战争准备有利于防御方

进攻方难以发动奇袭是防御战如此强大

如果盟军能在德国1936～1939年军备发展期间对其发起攻击，第二次世界大战的许多悲剧（包括纳粹大屠杀）或许可以避免。阿道夫·希特勒在《我的奋斗》一书中早就发出令人恐惧的信号："30厘米口径的炮弹发出的呼啸声远高于1 000份犹太报纸的呐喊。所以，就让他们去喊吧！"

的原因之一。

克劳塞维茨指出，"理论上讲，奇袭效果最佳。但实际上，整台战争机器的运转，奇效很快就丧失了。"

理论上讲，1916年的索姆河战役应该是一场奇袭战。然而，百万兵力的集结到位，又费一周时间准备炮火，盟军的进攻早已无奇袭可言了。

行动规模越大，奇袭效果越差。小企业或许能凭借一款新产品对大企业进行奇袭，而福特不太可能会对通用汽车发动奇袭。在这里，整部企业机器的运转会贻误战机。

翻阅行业领导者遭奇袭案例你会发现，在被袭击之前大都有诸多征兆。只是领导者通常忽视这些信号，或者干脆不正眼瞧竞争对手，才会导致"惨遭蹂躏"。

在销售量近1 000万册的《我的奋斗》一书中，希特勒明确告知英国和法国他的攻击意图。10年之后，他果然悍然进攻。

进攻需要时间

军事战役中进攻方不仅很难做到奇袭，还要花费大量时间在部队调动上。后勤补给问题往往会导致防御方提前几天或几周察觉，这段时间足够防御方做好相应的防御准备。

尽管付出巨大努力，但第二次世界大战总攻击日当天只有156 115士兵登陆诺曼底海滩。运输和供给问题使得盟军花费数月时间，才能集结数百万兵力以确保胜利。

但在商业攻击战中，运输往往不是问题。一家公司可在数天内将产品发往数千家网点。

通信是商战的瓶颈。从数百万名客户中收集商业信息，往往需要几个月甚至几年的时间。防御方通常有足够的时间以某种方式，削弱进攻方的销售信息传递能力。

但若要利用时间，防御方必须对各方面的潜在威胁保持警惕。

攻击发起日（1944年6月6日）必有登陆艇对德军发起突袭登陆作战，唯一不确定的是具体登陆位置。盟军努力诱使敌军相信登陆地点位于加来，但实际登陆地点是在诺曼底。实际上，IBM于1981年8月推出史上第一台严格意义上的16位商用个人电脑，也绝非"奇袭"。我们在产品推出近一年前便开始听到有关这种产品的传言，并努力说服我们的客户数字设备公司抢先于IBM公司推出一种类似产品，以期获得先占优势。但遗憾的是，数字设备公司拒绝接受我们的建议，这次战略失误使公司损失惨重。

有些政治家和统帅极力避免决战,但历史已经碾碎这种幻想。

——卡尔·冯·克劳塞维茨

第 4 章
新竞争时代

MARKETING
WARFARE

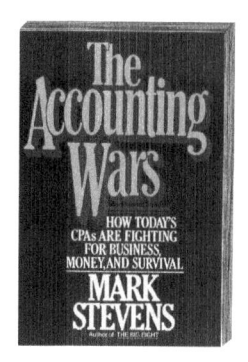

"战争"一词已被广泛用于比喻商业冲突。但遗憾的是,大多数人都不熟悉真实战争的战略和战术。

当今报纸上最血腥的语言并非出自国际版,而是来自商业版。

"我们要绞杀他们。"

"要么杀戮,要么被杀。"

"这是一场生死决战。"

没错,这并不是左翼游击分子或右翼独裁者的言论,而是三位商业领袖正在讨论即将到来的商战,非常具有典型性。

商业语言源自军事语言。我们"发动"一场商业"战役",希望能"突破"敌人的进攻。

我们将员工"晋升"到更高的"职位",我们把员工编入各个"部门""公司"和"小组"中,我们报告"收益"和"亏损",我们有时还分发"制服"。

我们不时深入"基层"去"视察","检验"我们"队伍"的进度,以及"发号施令"。

第4章 新竞争时代

迄今为止，商业只是引用了某些军事术语，但从未深析其背后的军事战略思想。

《商战》就是尝试用军事思想解决商业难题。

作为一门学科，市场商业学的历史还不到100年。商业长期以来依经验而行，缺乏相应的理论指导，军事理论有助于弥补这一缺陷。

标题党之战

如果你经常看《商业周刊》《福布斯》或《财富》等报刊，你的军事术语会积累得越来越多。"啤酒战""可乐战"和"汉堡战"都是新近出现的报刊军事术语。

然而，在这些标题下，作者忽略了最基本的军事原则。

《纽约时报》最近一篇文章的标题为"施乐进军办公自动化领域"，副标题是"意在成为办公自动化领导者"。

如果丹麦入侵国土面积是其12倍的德国，媒体必将表现出震惊和怀疑。

办公自动化领导者？施乐是一家办公自动化产品年销售额不到20亿美元的公司，如何撼动办公自动化产品年销售额超过400亿美元的IBM？

报刊中还有很多诸如此类缺乏战略考量

施乐利用一系列大型计算机产品向IBM发起正面攻击，最终损失数十亿美元。

为进军个人电脑业务，国家半导体公司花费5.5亿美元收购了新瑞仕公司。不到两年之后，前者宣布退出个人电脑业务，损失金额高达数亿美元。当然，公司最终还是幸存下来了，今天公司的战略是避免与计算机制造商（戴尔和惠普）和大型芯片制造商（英特尔和AMD）竞争。国家半导体公司是模拟与混合信号芯片的专业制造商，销售额和利润率（14%）都可圈可点。几乎在任何市场，专业化公司都能生存和繁荣发展。

的文字硝烟。

国家半导体公司总裁查尔斯 E. 斯波克在一则宣传其微型及小型计算机的广告标题中写道，"国家半导体公司要破釜沉舟"。

公元前49年，尤利乌斯·恺撒横渡卢比孔河时动用了一个军团的兵力（外加两个后备军团）。迫于恺撒的强大实力，他的对手庞培立即决定撤离意大利。

斯波克的军团在哪里呢？IBM是否会这么快放弃阵地？即使非军事天才也能想到，这种不自量力的进攻不会成功。

预言还是宣传

可口可乐公司推出甜度更高的新配方后，相当自信地预言，未来每三年其市场占有率会提高一个百分点。这是一种预言，还是宣传？如果是后者，那么显然它失策了，任何理智谨慎的军事指挥官都不会为胜利制定时间表。

1942年3月，道格拉斯·麦克阿瑟在撤出菲律宾群岛时说，"我还会回来的。"如果他当时说的是"今年年底之前我就会回来"，他的英名可能会受损，因为他再次涉水登岛的时间是1944年。背弃承诺必将削弱士气，而商业承诺应如政治承诺般含糊不清；否则，这些承诺将会削减你的力量。

希特勒未能兑现攻下斯大林格勒⊖的承诺，他失去的不仅是军事威信，还有他辛苦建立起来的"宣传大师"形象。

商业竞争的真相

很显然，商业竞争正步入一个新时代。与今天相比，20世纪六七十年代的竞争简直就如"周末学校野餐"般轻松。如今，市场竞争越来越残酷，简直就是从虎口夺食。

公司尝试通过不同的方法增加销售额时，往往日益频繁地采用战争战略。

然而，单单"攻城拔寨"并不是高超军事战略的表现，特别是"更多"管理学派提出的"攻城拔寨"——更多产品，更多销售人员，更多广告，更多努力。

该学派特别注重的是"更多努力"。从某种意义上讲，成功所需的勤劳程度越高，对成功的认可度越高。因此，我们安排更多会议、更多报告、更多备忘录和更多管理回顾。

然而，军事发展史却截然相反。执着地认为仅凭努力便能打赢战斗，通常会以失败

⊖ 今为伏尔加格勒。——编辑注

苹果iPod的巨大成功验证了"最小期望值"的巨大力量。苹果的对手是微软和使用Windows操作系统的个人电脑制造商，苹果并未直接攻击根深蒂固的竞争对手，而是将大部分资源投入到侧翼攻击，推出有史以来第一款硬盘式MP3播放器iPod。此外，产品发布时还同时推出一个销售iTunes的网站，这正是借鉴了军事进攻的"陆空结合"战略。

而告终。从第一次世界大战的堑壕战到第二次世界大战的斯大林格勒巷战，使己方军队深陷肉搏战的军事指挥官往往以失败收场。

施乐公司下定决心开拓办公自动化市场并不代表将来定能成功，而是"徒劳无功"的标志。

依赖时机多于力量的闪电般快速出击，效果要好得多（德国人称之为"闪电战"）。我们并不是说力量或兵力原则不重要——情况远非如此。除非进攻方案正确，否则你将把战役变成一场消耗战，从而丧失自身优势。

当你听到指挥官说"我们必须加倍努力"时，你知道他必然会失败。IBM公司并不需要挑灯夜战，IBM以智而非以久思取胜。

> 从对手所处的位置，我们就能看透其计划，并采取相应的对策。
>
> ——卡尔·冯·克劳塞维茨

第 5 章
战地性质

MARKETING WARFARE

军事战役中，战场非常重要，以至于战役总是以其地理位置命名。

例如，以马拉松平原、梅陶罗河、滑铁卢村、葛底斯堡镇、邦克山和卡西诺山命名的若干战役。

对于商战而言，战场同样非常重要。问题来了，阵地在哪里？商战的战场在哪里？

一个贫瘠而丑陋的地方

在本书中，管理者将了解占领商业制高点的重要性，以及避开市场地位强大的竞争对手的必要性。制高点在哪里？商战在哪里打响？

与竞争对手开战之前，有必要了解战场在哪里。

商战并不是发生在顾客办公室、超市或

者美国的各大商店，这些地方仅仅是商品销售点，而顾客对品牌的选择是在其他地方做出的。

商业战场并非达拉斯、底特律或丹佛等，至少不是实际意义上的城市或地区。

商业战场是一个贫瘠而丑陋的地方，一个有大量未知领域并广布陷阱的黑暗潮湿之地，诱捕那些莽撞之人。

商战在心智中打响，它无时无刻不存在于你自己和潜在顾客的心智中。

心智即战场，一个复杂且难以理解的阵地。

整个战场只有6英寸①宽，商战就发生在这里。你必须在这方寸之地，以智慧击败竞争对手。

商战完全是智力角逐，这是一场看不见的战争。我们只能在脑海中想象这场战争，这也使它成为最难学的学科之一。

绘制心智地图

杰出的将领在战斗开始前都会仔细研究战场地形，他们会分析每座丘陵、每座山、每条河用以攻防的可行性。

---

① 1英寸=0.025 4米。

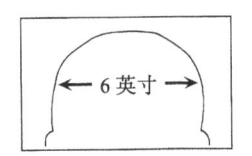

商业战场其实就在潜在客户的心智中，一个6英寸宽的地方，这是了解商业竞争本质所需理解的最关键概念。不是以优质的产品取胜，而是以差异化的认知胜出。

在感到厌倦之前，我们共发布了27份名为《战场》的商业简讯，旨在从军事角度分析各种商业状况。随着典型案例的日益增多，我们本应继续发布此类简报。

杰出的将领还会研究敌军位置。战役打响之前，他们将双方的确切方位和兵力绘制成图并加以研究。最佳的奇袭是无中生有，因此每一位指挥官都会不惜一切代价避免从意想不到的方位而来的攻击。

商战中，侦查工作异常困难。你如何洞穿心智，看清地形以及竞争对手的强势点？

市场调查是了解人类心智的方法之一。但这里所讲的市场调查并不是那种询问顾客"想买什么"的传统调查，后者已然成为明日黄花。

我们要做的是找出哪些企业在心智中占据什么位置，以及制高点由谁控制。

如果方法得当，我们可以大致勾勒出潜在顾客的认知，并绘制出一幅心智地图。对商业将领而言，其作用不亚于巴顿将军横扫欧洲时携带的米其林地图。

绘制心智地图将为你带来巨大优势，你的大多数竞争对手甚至不知道战场在哪里。他们仅仅专注于自己的企业：自己的产品、自己的销售队伍和自己的销售计划。

心智中的山头

任何试图描述人类心智的语言都只是象

在 AMR 国际的协助下，我们在旧金山和纽约等城市举办了多场有关商战的研讨会。参与研讨会的军方发言人包括威廉·威斯特摩兰将军、朱姆·沃尔特海军上将和乔治·史密斯·巴顿少将（第二次世界大战巴顿将军之子）。

征性的。但是，有些象征物对于军事和商业而言，却显得特别合适。

军事战争中，山地或山头通常被视作有利地形，特别有利于防守。商战中，企业高管往往将有利地形称作制高点。因此，把山头作为商战的一个重要概念，看来是合适的。

在商战中，有些山头可能已被占领，有些则还没有。例如，纸巾的山头已经被舒洁（Kleenex）占据，番茄酱的山头已被亨氏（Heinz）占据，计算机的山头则被 IBM 占据。

有些山头还在上演激烈的争夺战。可乐行业的部分山头被可口可乐占据，但同时遭受百事可乐的猛烈攻击。

当顾客指定要使用某一品牌而非其他品牌时，你就知道，他们心智中的山头已经被占领了。当有人指着一盒斯科特纸巾说"给我一盒舒洁"时，你就应该知道，到底是谁占据了这位顾客心智中纸巾行业的山头。

鲜有品牌能够撼动百威在啤酒市场的地位，"啤酒之王"是对百威品牌强大力量的贴切比喻。许多企业曾试图挑战百威在啤酒业的统治地位，但绝大多数都无功而返。

市场细分瓦解山头

哪家公司占据着汽车业的山头呢？多年前是福特，但其领地由于通用汽车的细分战略而瓦解。

如今，雪佛兰、庞蒂克、奥兹莫比尔和

> **通用和福特信用评级被下调至"垃圾级"**
> 标准普尔引用的疲软销售数据

通用汽车今天身陷困境，原因之一便是它试图维护所有汽车细分市场的战略决策。通用汽车车型涵盖小型车、紧凑型车、中型车、豪华车、跑车、小型货车、运动型多用途车和卡车。

别克汽车都在汽车业占有一席之地，凯迪拉克占据的可能是最强大的山头，它占据高价豪华汽车细分市场（如今，凯迪拉克已成为高品质的代名词。比如，"它是电视机中的凯迪拉克"）。凭借其五大独立强势品牌，通用汽车公司占据了美国汽车市场大部分份额。

大一统山头上战火纷飞，将会逐渐形成各个细分市场，这种分化趋势将可能会延续到21世纪。

山头的最初占据者只有一种选择：增兵或撤兵。面对试图瓜分山头的敌人，企业可增加兵力以控制整个阵地，也可撤回兵力固守基地。

"直觉非真理。"贪婪驱使品牌领导者增加兵力，以期控制整个阵地。而结果往往是，在试图保住一小部分阵地的同时，整个阵地却丧失殆尽。正如腓特烈大帝所言，"处处防守者徒其劳。"

面对试图分割山头的竞争对手，难道就不能采取防御措施吗？庆幸的是，大公司是可以采取防御措施的。"防御战原则"一章将详细描述这一战略。

> 政治家和指挥官做出的首要、最高和最具深远意义的判断，是确定他们参与战争的战略形式；既不能做出错误判断，又不能使其与本质背道而驰。
>
> ——卡尔·冯·克劳塞维茨

第6章
战略形式

MARKETING WARFARE

商战并非只有一种作战形式,而是共有4种。确定作战形式是你首要也是最重要的决定。

作战形式取决于你在战略方阵(每个行业都可建造此种方阵)中所处的位置。

以美国汽车行业为例,它是一个阵式严密且颇为成熟的行业。事实上,在美国开办汽车公司并使其发展壮大的最后一人是沃尔特 P. 克莱斯勒,他于 1925 年建立了克莱斯勒公司。

今天我们有汽车工业四巨头:通用、福特、克莱斯勒和美国汽车公司。如果克劳塞维茨仍在世,并亲临底特律,他只需看一眼,马上就可以把各家公司的竞争形势剖析得一清二楚。

汽车行业其实并没有四巨头,就市场占有率而言,实际上只有一个巨头,那就是拥有 59% 市场份额的通用汽车。

其他汽车公司合计总量都未能达到通用汽车一家的份额。就市场占有率而言，福特占美国市场的 26%，克莱斯勒为 13%，美国汽车仅为 2%，"三巨头"合计市场份额为 41%。

当然，此项分析并未计入进口品牌（额外 34% 的市场，相当于美国市场总份额的 25%）。数据显示，进口品牌占有非常重要的市场地位，但我们的目的并不是全面分析汽车行业，而是以传统意义上的底特律四巨头为例阐释四种商战形式。

美国汽车、克莱斯勒、福特和通用汽车之间实力差距悬殊，其规模依次递增一倍。它们之间毫无可比性：就像是一场由一支小学队、一支中学队、一支大学队和一支职业队组成的足球联赛，谁是获胜者都不用脑子想！

不单单是赢的问题。显然，通用汽车将会得到更多得分，但对于其他公司而言，胜利还有不同的含义。

在福特看来，增加市场份额就是巨大的胜利。

对于克莱斯勒而言，生存的同时能实现公司盈利就意味着胜利。

而对美国汽车来说，生存即为胜利。

就特定的市场形势来讲，每家公司都握

通用汽车	福特
克莱斯勒	美国汽车

美国汽车行业有"四巨头"之说。

通用汽车	福特
克莱斯勒	美国汽车

事实上，美国汽车工业更像是"一个大哥带着三个小弟"，通用汽车是行业霸主。

防御	进攻
侧翼	游击

就相对规模而言，通用汽车应开展防御战；福特可以发动进攻战；克莱斯勒则打一场侧翼战；美国汽车只能是游击战了。

"巨人倒下，时有发生。"现如今，通用汽车已陷入困境。问题出在哪里呢？其症结在于，通用汽车作战部队不再聚焦发力，旗下各品牌开始自相残杀，而不是与竞争对手抢夺市场。例如，土星汽车的推出影响了通用入门级品牌雪佛兰的销量。另外，潜在顾客往往无法弄清通用各品牌之间的区别。某些情况下，它们只是铭牌不同的相同车型而已。就连费城雪佛兰经销商协会也向购车者宣称，庞蒂克、奥兹莫比尔和别克只不过是高价版的雪佛兰而已。

有不同的资源，拥有不同的实力，并制定不同的目标。由此看来，每家公司都应制定不同的商业战略。

通用汽车、福特、克莱斯勒和美国汽车分别应该发起何种战争？我们首先来了解一下每家公司所处的情况。

通用汽车应采取的战争形式

首先，通用汽车有哪些竞争对手？它的竞争对手包括司法部、联邦贸易委员会、证券交易委员会和美国国会（参众两院）。

通用汽车不能单单以赢为胜。若击溃一家甚至多家汽车行业竞争对手，通用汽车将被法院或国会分拆。作为另一个巨无霸，美国电话电报公司的遭遇就是鲜活的例子，大企业是无法对抗司法部和大法官的。

通用汽车只能以退为进，发动一场防御战。

但是，防御战不应理解为消极应战。克劳塞维茨曾指出，"防御本身是一种逆向行为，因为其需集中力量击溃敌军进攻意图，而不是被自身意图所困。"

相反，出色的防御战具有进攻性质，"保卫企业所主导的市场占有率"是其明确的目标。

福特应如何应对

福特是美国汽车行业的第二品牌,具备发起进攻所需要的各种资源。但话说回来,进攻目标是谁?

正如威利·萨顿所言,"我抢劫银行,是因为那里有钱。"福特也应向通用汽车发起攻击,因为通用握有市场。

数字告诉我们福特为什么要向通用汽车宣战。如果福特能够抢占通用汽车 10% 的市场占有率,其自身市场占有率将提高 25%。如果福特抢占美国汽车公司 10% 的市场占有率,其对福特市场总量的影响微不足道。

"挑软柿子捏"的想法常诱使人们掠夺弱者,而非强者;然而,事情可能完全相反。公司规模越小,越会拼尽全力保持其现有的较小市场份额,具体战术包括降价、打折、延长保质期等,勿与困兽争斗。

福特的最佳战略应该是发起进攻战,它们应针对通用汽车产品的弱点发起攻击,本文有一章专门讲述如何发现并利用这些弱点。

福特已向通用发起攻击,且收效显著。福特金牛座车型像一把利剑,直指通用产品线的核心品牌——雪佛兰。雪佛兰推出各种不同轿车的同时,福特却倾注数十亿美元开发一种车型,即金牛座。凭借金牛座,福特品牌销量开始超越雪佛兰,这一态势一直延续到今天。

克莱斯勒应如何应对

非洲古谚语:大象打架,蚂蚁遭殃。克莱

斯勒应尽量避免介入通用汽车和福特之间的战争，而应发起侧翼战。

李·艾柯卡正是这么做的。他针对全美汽车工业的经典侧翼攻击包括第一辆敞篷车、第一辆小型货车和第一辆六座前轮驱动车。

如果告诉你艾柯卡先生来自何处，你一定会更加崇拜他。担任福特公司总裁8年后，他突然转投克莱斯勒，亨利·福特二世是这次跳槽的推动者。人们预计，艾柯卡会将福特的战略应用于克莱斯勒。然而，事实并非如此。艾柯卡的荣誉是应得的，他运用了不同的战略，使之更适于克莱斯勒公司的实际情况。

又有多少商业将领能做到这一点呢？大多数人只会将过往的成功经验用于当下的商业活动中。

现在回想一下，艾柯卡在福特运用过的战略当中，有一条适用于克莱斯勒，那就是以野马牌汽车为代表的、成功的侧翼战，它是第一辆双座私家汽车。当时，艾柯卡在卖掉滞销的亨利·福特车后，亲自研制了这一款畅销车。

人们通常认为，正是李·艾柯卡的领导艺术挽救克莱斯勒于危难之中。但我们认为，战略能力才是成功的关键。特别值得一提的是，小型厢式货车堪称侧翼战的主力，这项最重要的决定最终使克莱斯勒公司能够持续发展，直至戴姆勒-奔驰将其收购。

美国汽车应如何应对

可怜的美国汽车只有一条路可走，那就

第 6 章　战略形式

是遁入深山，穿上黑色宽松衣服，使自己成为一名游击队员。

美国汽车公司实力太弱，无法向通用汽车发起攻击。即便是旗开得胜，美国汽车也缺乏足够的经销商、生产能力和市场能力，这会导致进攻无法持续。

美国汽车公司太小，无法向整个汽车行业发起侧翼战。这并不是说它小得无法发起侧翼战 [它推出纳什·兰博勒（美国第一款小型轿车——译者注）证明它可以]，而是说在发起后，它没有能力控制已占有的细分市场。

美国汽车公司常胜不败的唯一法宝是它的吉普。这是典型的游击战术：找到一块细分市场，小到不足以引起其他市场领导者的兴趣，同时又大到足以盈利。

心智中的山头

我们重新讨论一下心智中的战场。当然，山头是领导者所占据的制高点。

如果想穿越这座山，就意味着得打一场进攻战。运气好的话，你会找到一个山谷或山隘供部队突破。然而，战斗十分艰苦，且往往需要付出惨重代价，因为行业领导者总是握有可进行强力反击的资源。

不能代言品类的品牌是没有价值的，吉普是美国汽车唯一有价值的品牌。倘若美国汽车更名为"吉普公司"并且仅出售吉普汽车，那会是怎样一番景象？吉普公司今天能成为独立生存的品牌吗？我们认为答案是肯定的。克莱斯勒公司收购美国汽车时，李·艾柯卡抛弃了除吉普之外的所有品牌。倘若克莱斯勒更名为美国汽车公司并且只销售吉普车、克莱斯勒小型货车和道奇卡车，那又是怎样一番情景？毫无疑问，结果将是三大品牌主导三个细分市场。如此一来，克莱斯勒公司今天是否仍能成为一家独立公司，而不是戴姆勒-克莱斯勒的分公司？答案仍然是肯定的。

如果下山来阻击进攻之敌，那就是防御战。其规则就是，好的防御也是优秀的进攻。

如果在山间迂回，那就是侧翼战。侧翼战通常是最有效且成本最低的商战，然而在门类繁多的产品品类中，如今打一场漂亮的侧翼战越来越难了。

如果在山下周旋，那就是游击战。你需要找一处守得住的安全地带，或者一块市场领导者不感兴趣的小市场。

> 在战争在所难免之际,不愿主动出击的政治家都是国家的罪人。
>
> ——卡尔·冯·克劳塞维茨

第7章
防御战原则

防御战须遵守三条基本原则，它们都易学难用。但若要打好防御战，必须仔细研习每条原则。

防御战第一条原则

只有市场领导者才能打防御战。

这貌似并不复杂，但其实不然。

多数公司都将自己视为领导者，但它们大多是把领导者的地位建立在自己定义的基础上，而非市场事实。你的公司可能是"星期一上午密西西比河东岸"的领导者，但顾客并不在意。

领导者不是公司自诩出来的，而是需要顾客认可，顾客认可的领导者才是真正的市场领导者。

此外，我们在此谈论的是市场唯一的领

只有建立在顾客心智中的领导地位才具有强大的力量，这股力量并非来自市场实际领导地位，而是来自顾客心智认知上的领导地位。

导者,而不是泛泛的领导者。计算机行业有众多领导者,但只有IBM才是计算机顾客和潜在顾客心智中的真正领导者。

领导者下面,是一群王位觊觎者。有些商业人士确实相信依靠"主观意愿"就能夺取王位,他们信奉积极思考的力量,说服自己方能说服他人。

这是自欺欺人,制定企业战略不需要主观意愿者。为销售团体利益而夸大事实是一回事,自欺欺人犯战略性错误则是另外一回事。优秀的商业将领必须清醒识别现实情况,以便从实际出发开展工作。你可以愚弄敌人,但切勿戏弄自己。

防御战第二条原则

最佳的防御就是勇于自我攻击。

防御者处于领导地位,因此在潜在顾客心智中占据强势位置,防御者提高自身地位的最佳方法就是不断自我攻击。换言之,就是通过升级产品或服务来强化自身地位。

IBM公司在这方面堪称专家。每隔一段时间,IBM就会推出一款新系列大型计算机,其价格和性能明显优于既有产品。

竞争对手只是想方设法迎头赶上,但移

动的目标总是比静止的目标更难击中。

吉列公司（Gillette）是另一个鲜活的例子，吉列以"蓝色刀锋"以及后来的"超级蓝色刀锋"产品主导着湿式刮须市场。

20世纪60年代初，吉列的竞争对手威尔金森刀具公司推出一款不锈钢刀片，使吉列公司大为震惊。随后，威尔金森刀具公司于1970年又推出一款黏合刀片，号称以"最佳剃须角度"将金属刀片与塑料黏合。这时，吉列公司开始集中资源，打了一场漂亮的防御战。

很快，吉列公司推出了全球首款双刀片剃须刀（Trac Ⅱ），Trac Ⅱ的巨大成功奠定了吉列公司未来战略的格局。正如吉列广告所言，"双刃胜于单刃"。

公司客户都认为"两个刀片比一个超级蓝色刀锋更好"，遂立即购买新产品（把生意从自己手中抢走，总比让别人抢走强得多）。

6年后，吉列推出第一款可调式双刀片剃须刀（Atra）。这表示，新产品优于Trac Ⅱ非可调双刀片剃须刀。

后来，吉列公司毫不犹豫地推出"好消息"剃须刀（Good News），一种廉价的一次性剃须刀（双刀片）。这明显是针对比克公司（Bic）的一次攻击，因为后者正准备推出自己

第7章 防御战原则

的一次性剃须刀。

对于吉列公司股东而言,"好消息"并不是什么好消息。一次性剃须刀制造成本更高,而销量却不及吉列的可更换式剃须刀。因此,任何购买"好消息"而非 Atra 或 Trac II 剃须刀的人,实际上是在放吉列股东的血。

但是,"好消息"仍不失为一项出色的商业战略,它阻止了比克公司轻易攫取一次性刀片市场。此外,比克公司还为其不算太大的市场份额付出了惨重的代价。行业资料显示,比克公司一次性剃须刀业务前3年共损失2 500万美元。

吉列还是持续不断地采用自我攻击战略,最近推出了首款一次性可调刀片 Pivot,吉列自己的"好消息"这次成了攻击的目标。

吉列在湿式刮须市场的份额稳步提升,目前的市场占有率约为65%。

自我攻击可能会牺牲短期利润,但有个最大的好处,就是有助于保持市场占有率,它是所有商战的终极武器。

反之亦然。任何不愿发动自我攻击的公司通常都会遭受市场份额流失,最终失去市场领导地位。

吉列后来延续了其"自我攻击"战略。Mach 3 剃须刀是吉列公司最令人印象深刻的成功案例,公司不仅获得极高的利润,其市场份额也显著增加。吉列最近推出了 M3 Power 电动剃须刀,是其防御战略的一种延续(M3 Power 听起来远不如 Mach 3 霸气)。

最近，舒适公司携Quattro（有史以来首款四刀片剃须刀）发起反击。吉列下一步要怎么做？当然是推出五刀片剃须刀。

防御战第三条原则

强大的进攻必须及时封杀。

大多数公司只有一次取胜机会，但市场领导者却有两次。如果某个市场领导者错失自我攻击的机会，一般可以通过复制竞争对手的商业行为加以补救，但必须在进攻者确立地位之前快速采取行动。

许多领导者拒绝加以阻击，因为它们对此不屑一顾。更糟糕的是，甚至直到局势无法挽回时，它们才考虑对竞争对手进行压制，但为时已晚。

从战场性质角度考虑，阻击战术特别适合市场领导者。切记，战争发生于潜在客户的心智中。攻击者需花费一定的时间才能给人们留下深刻印象，领导者通常有足够的时间加以封杀。

美国汽车工业有力地诠释了这一原则。约翰·德罗宁在《晴朗之日你可以看到通用汽车》一书中指出，"我在通用汽车期间，尽管福特在产品创新方面优于通用，克莱斯勒也在技术创新方面超过通用，但这两家公司都不会对通用一半的市场份额产生实质性威胁。"

德罗宁还说道，"通用汽车自1939年发明液压自动变速箱，1949年发明硬顶车体样式之后便罕有重大创新；相比而言，福特积极活跃于几乎所有主要的新市场，而克莱斯勒则推出了多项重大技术创新，包括动力转向、动力刹车、电动车窗和汽车发电机等。"

然而，是谁在工程质量方面得到广泛认可？当然是通用汽车。

这是对"真相总会大白"谬论的莫大讽刺。由于潜在客户也认为真相总会大白，并认定真理一定站在市场领导者一边，所以通用汽车产品更出众。

此外，商业中的心理模式也对市场领导者有利。宾夕法尼亚大学的所罗门·阿希曾做过一次著名试验，证明许多人为了"随大流"而宁可"违背自身感受"。

受试者被要求比较一组线的长度后，遇到另一批人，他们深度相信给出的错误答案，结果其中有37%的受试者听从这批人的意见，给出了错误答案。

阿希试验中的典型反应展示了"多数的力量"：我认为自己似乎是对的，但理性告诉我自己错了，怎么可能那么多人都是错的而我一人是对的？

事实上，许多人更关注他人意见，而忽视自身感受。如果电影院里其他人都在大笑，你会认为这部电影很搞笑；但如果其他人都没有笑，你会认为这部电影比较无趣（这就是情景喜剧伴有背景笑声的原因）。

领导者是否应该到处下注，或只是向最可能成功之处下注？很明显，如果是彻头彻尾的愚蠢想法，根本不值得下注，但谁来评判它是不是真的愚蠢呢？当第一辆大众甲壳虫登陆美国时，人们都觉得它看起来怪模怪样。一则典型的底特律式笑话是这样的："美国人对3件事期望过高，分别是南方烹饪、家庭性生活和外国汽车。"

今天，很多公司都对这种先入为主式的贬低他人他事懊悔不已。因此，上面那则笑话或许可以改成："让我们静观其变。"

但对于市场领导者而言，低估他人可能很危险。世事难料，转瞬即逝，事态发展总是很快，也许突然你会发现，要介入新局面为时晚矣。

如今，一次性剃须刀约占剃须刀市场40%的份额。如果吉列延误战机，坐等比克公司做大主导这一细分市场，吉列就远没有今天的市场地位了。

常言道，"宁可错杀一千，不可放走一个。"威尔金森刀具公司推出的不锈钢刀片从未引起波澜，但吉列还是及时予以封杀。这就是"花小钱办大事"的道理，如果你乐意，还可以称之为"上保险"。

镇痛药物市场之战

这次战役是商业史上最经典的阻击战之一。它不仅彻底粉碎了竞争对手的进攻，而且将自有品牌推到美国药店最畅销产品的宝座上。

偏头痛药物商战案例揭示了时机的至关重要性。若要阻击，必须毫不迟疑；若有迟疑，机会转瞬即逝。

本次商战源于"泰诺"（Tylenol），一种由强生公司麦克尼尔实验室开发的解热镇痛药。

泰诺定价比阿司匹林高出50%，主要针对医师和其他医疗专业人员推广，面市后立即成为热销产品。

百时美此时嗅到一丝商机，遂于1975年6月推出达特利（Datril），声称"药效和安全性均与泰诺相同"。

达特利广告宣称，其与泰诺仅在价格方面存在差别：100片泰诺售价2.85美元，而达特利为1.85美元。

百时美所犯的错误之一，是它在其传统试销市场——奥尔巴尼和皮奥瑞亚进行市场测试。猜猜看，谁在密切关注这场测试？

强生公司低价封杀

达特利广告公布两周前,强生公司告知百时美,说泰诺将会对达特利降价封杀。此外,强生还发布降价通知单,降低店中现有存货的价格。

固执的百时美还是发起了攻击。其甚至将电视广告初播时间提前,以便在收到泰诺降价消息后第二天播出广告,显然达特利认为,价格变动在全美 165 000 家零售店铺开需要几天时间。

霎时间,天崩地裂。强生公司向各大网络、杂志、专业协会以及商业促进理事会提出投诉。

媒体也要求达特利修改广告。第一次修改中,"便宜一美元"改成了"达特利价格极低,非常之低"。强生公司对此再次提出抗议,百时美不得不又删除了"非常之低"。最后,哥伦比亚广播公司和全国广播公司都拒绝播放达特利广告,百时美自食苦果。

强生公司的阻击战堪称完美。从那以后,达特利的市场份额从未超过 1%。

另一方面,泰诺一飞冲天,阻击产生的能量将该品牌推向了顶峰。

在降价和广告的共同作用下,泰诺成为

泰诺对达特利的反击堪称"领导者封杀对手并保持自身地位"的经典范例。达特利被逐出市场后,泰诺成为药房最畅销产品。

镇痛药市场的强势品牌，占有率高达37%，销量一度超过安乃近、百服宁和拜耳的总和。

后来，悲剧降临芝加哥，有7个人因服用混有氰化物的泰诺镇痛药而身亡。然而，泰诺现在重新收复镇痛药市场大半江山，其中一个原因是泰诺缺少强有力的竞争对手，泰诺消费者别无他选。

如果达特利不那么贪婪，如果达特利发动"游击战"而不是"进攻战"，也许会有另一种结果，我们将在"游击战原则"一章中论述。

时刻准备回击

如果自己的一个主打品牌遭受价格战冲击，大多数公司会采取什么措施？

典型的反应是"等等看吧"。等等看这是否会影响自身产品销售；等等看竞争对手能否长久坚持；等等看自己的客户在尝试价格较低的竞争产品后，能否回心转意。

倘若一家主要竞争对手突然大幅下调价格，你会怎么做？当然是积极应战，领导者应该在思想上做好还击的准备。

你会怎么做？有把握吗？

镇痛药市场之战证明，强生公司的高价泰诺和百时美的低价达特利都有足够的立足空间，但与对方分享市场并不是强生公司的上策。

战争不相信和平共处理念，强生和宝洁等公司都不会心慈手软。

预留储备金

"预留储备金"也是非常适合市场领导者的一种战略。

攻击者倾尽全力时，领导者并不需要总是花费大笔资金用于商业战争，最好是只投入"压制竞争对手"所需的资金。

将剩余资金作为储备。若竞争对手以极其诱人的价格发起攻击，你还可以用这些资金捍卫自身的地位。

安海斯－布希公司（Anheuser-Busch）曾在百威啤酒上有效运用了这一战略。它在特定市场上不露声色地储备资金，直到百威销量开始衰退。

而后，公司利用大规模广告攻势使百威重振雄风。这种被称作"脉动"的商业战略，不仅有助于节省资金，还能为应对竞争对手发起的后续全面进攻储备足够弹药。

克劳塞维茨曾说，"后备军永远是双方指挥官关注的焦点。"

如何应对联邦法律

担心法律制裁是约束公司施展拳脚的一大要素。

然而,这种担心不无道理,特别是市场领导者。看看美国电话电报公司的分裂,想想 IBM 面临长达十年的反垄断诉讼,血淋淋的教训就在身边。

防御者应在正常经营成本中设置一定金额的法律费用。拉尔夫·纳德曾讲过一个故事,就是一名航空公司高管被问及公司收益如何时说道,"还不错,足够支付 7 次法律费用。"

也许和你想的不一样,此处推荐的防御战略意在降低法律费用支出。吉列的自我攻击战略,在法律上比攻击竞争对手更加安全。

除此之外,纵向保卫一个市场,也比横向扩展进入另一市场更加安全(许多公司因捆绑销售、联合折扣和其他战术,在开拓一个市场的同时又试图进入另一市场,结果使自身陷入法律纠纷的漩涡当中)。

欧文·考夫曼法官在处理 Berkey-Kodak 案时说道,"仅拥有垄断霸权并不算是违法"。但如果垄断者利用其在一个市场的霸权在另一个市场上获得竞争优势,则是非法的。法官说:"即使其无意垄断该市场,那也是一种非法行为。"

商战的和平

当然，所有防御战都是以赢得商战的和平为目的，最好是将竞争对手压制到只能发起零星游击战的状态。

柯达的感光胶片、金宝汤的汤产品和IBM的大型计算机都实现了商战的和平。上述每家公司都在各自市场中占据主导地位，以至于在潜在顾客心智中竟忽视了其他竞争对手。

尽管如此，领导者仍应时刻警惕。战争往往成对爆发，第二次战争的发动者，可能就是第一次战争的失败者。第二次世界大战是由第一次世界大战的战败国德国发起的，1812年美英战争是由美国独立战争的战败者英国挑起的。

假设领导者已经取得了永久和平，领导者便可改变战略。其重心可以转向品类战略，而非品牌战略，这就是金宝汤公司力推汤产品而非金宝汤品牌的原因。广告中说"靓汤是美食"，可能并非特指金宝汤自己的产品。

柯达推销的是感光胶片，而不是柯达品牌。电视商业广告上说，"因为时光易逝"。

如果你拥有馅饼，就应努力将饼变大，而不能只是把手中的一小块变大。

领导者在其行业中确立主导地位后（麦当劳之于快餐行业），应转变战略扩展市场。那么，麦当劳的敌人是谁？当然是崇尚家中用餐的家庭。由此看来，这就是"你今天该休息一下"战略如此有效的原因。1999年，《广告时代》将其评为有史以来最佳创意。遗憾的是，麦当劳并未起用该创意。

若无法获得绝对优势,则须巧妙利用现有条件,在决战地形成相对优势。

——卡尔·冯·克劳塞维茨

第 8 章

进攻战原则

MARKETING WARFARE

在古代，中国人认为阴阳代表宇宙，两者之间完美统一。阴表示"柔"，阳表示"刚"。阴代表被动，阳代表主动，诸如此类。进攻战和防御战以同样的方式紧密联接，对防御方有效的战略并不一定适用于进攻方，反之亦然。

理论上讲，绝对有效的商业战略并不存在。好会变坏，坏会转好，好坏完全取决于战略执行者。

实际上，进攻战与防御战如出一辙，只不过是两者名称相反。二者关联极为密切，难以分割。

对领导者有效的优秀战略不适用于追随者，反之亦然。因此，执行战略之前必须始终确定自己在市场上所处的位置。

领导者应进行防御战，而非进攻战。进攻战适用于行业第二或第三的公司，公司要足够强大才能向领导者发起持续进攻。

没人能说清楚"足够强大"是多强大。商战像军事战争一样，是一门艺术而非科学。因此，你必须有自己的判断。

某些行业中可能有几家足够强大的公司能向领导者发起攻击，而其他行业却不行。

第 8 章 进攻战原则

宝来公司（Burroughs）、通用自动计算机公司（Univac）、NCR 公司、控制数据公司（Control Data）和霍尼韦尔公司（Honeywell），这几家公司（合称 BUNCH）中的任何一家向 IBM 公司的大型计算机发起进攻都是极其愚蠢的。

如果你的企业足够强大，就应该发动进攻战。进攻战有以下三条指导原则。

如果你的品牌名（Goodrich）与领导品牌名（Goodyear）几乎一致，你则很难站到领导者对立面。这种情况下，Goodrich 应该改个名字，而不是整天通过广告纠缠于此。

进攻战第一条原则

领导者的强势地位是主要的考虑因素。

这与防御战第一条原则如出一辙，但领导者关注自身比第二或第三公司关注领导者更加容易。

大多数公司就像小孩一样，它们希望"自己解决问题"。它们对商业问题的本能反应就是自己解决：考虑自身优缺点，考虑自有产品的质量、销售人员、定价和销售渠道。这就是为什么多数公司总是喜欢展现自我，好像它们是领导者一样。

排名第二位或第三位的公司只需盯紧领导者，研究领导者的产品、销售人员、定价和销售渠道。

无论第二位公司在某类产品上的实力多么强大，如果领导者在这方面也很强大，则前者没有胜算。

领导者所拥有的是潜在客户心智中的位置。为打赢心智之战，进攻者必须抢占领导者的位置，再取而代之。仅仅获胜是不够的，还需要打败所有竞争对手，特别是领导者。

几年前，舒莱产业公司（Schenley Industries）推出一款名为 Ne Plus Ultra 的 12 年苏格兰威士忌，当时在市场上售价最高。舒莱产业公司对 Ne Plus Ultra 寄予了厚望，其拉丁文含义为"至高无上"。

这家公司销售部总监曾说："你们尝上一口就知道了，它可真是太醇美了。"

试喝并不是问题，皇家芝华士才是问题所在。Ne Plus Ultra 在酒类商店的销售情况极差，在餐厅和酒吧的上座率几乎为零（跟你熟悉的酒保说"给我来一杯 Ne Plus Ultra"，看看他的反应）。

第二次世界大战期间广为流传的一份海报很好地诠释了"专注于敌人而非自己"的必要性。当时，食物储备是美国政府最关心的问题之一。为此，政府印发爱国海报，上面写道"食品帮助我们打赢战争"。

美军士兵盯着自己身上令人毫无食欲的应急口粮说："我知道食物能帮我们打赢战争，但我们怎样才能让敌人吃到它？"

> 传统意义上讲，苏格兰威士忌是一种调和威士忌，但格兰利威和其他品牌通过推出单一麦芽苏格兰威士忌攫取领导品牌的市场份额。既然市场领导者在调和威士忌方面占有优势，最好的策略就是推出一种不同的威士忌（正文中的威士忌拼写是错误的。苏格兰和加拿大的威士忌拼写中总是少一个字母 e，即 whisky；爱尔兰和美国在威士忌的拼写中总是多一个字母 e，即 whiskey）。

让敌人吃到应急口粮是进攻战的主要目标。士气有时具有决定性作用，我们应该集中精力挫败对手斗志。

然而，排名第二的公司很难始终保持这种想法，大多数商业计划都要求"增加自己的市场份额"。在某一领域，有六七家公司可能都会在制订商业计划时纳入市场份额增长目标，更不用说想侵入领地的新公司了。难怪典型的商业计划很少实现目标。

对排名第二的公司，更好的战略是盯住市场领导者，问问自己"怎样才能侵占它的市场份额"。

我们并不是说通过破坏设备或切断运输干线等措施破坏领导者正常运营，那是对商战物理层面的理解。

记住，商战是认知战，心智才是主战场。所有攻击都应瞄准这一目标，文字、图片和声音就是你的攻击武器。

进攻战第二条原则

找到领导者强势中的弱势，并聚而攻之。

这不是印刷错误。我们所说的是"领导者强势中的弱势"，而不是领导者本身的弱点。

某些情况下，领导者的弱点只是个弱点，

梅赛德斯－奔驰生产宽敞、舒适、尊贵、适合乘坐的轿车；因此，宝马另辟蹊径，生产更小巧灵活的汽车，宝马将自己定位为"终极驾驶机器"。现如今，宝马在美国和全球多数国家的销量都超过了奔驰。我们建议"站到领导者的对立面"，这是进攻战第二条原则"攻击领导者强势中的弱势"的另外一种说法。

并非其强势中固有的部分,领导者因此会忽视、轻视或忘记这一点。

泰诺的高价位(100片,2.85美元)并非强生品牌与生俱来的弱点。每100片325毫克的泰诺大约只含5美分的扑热息痛成分,强生公司可以毫无压力地降低泰诺价格,给对手造成类似于达特利的残酷打击。

高价位亦不是IBM计算机固有的缺点,IBM凭借巨大的生产规模创下了业内最低制造成本。与IBM打价格战总是非常危险,因为雄厚的财力使其几乎任何价位(无论价格有多低)都能获取利润。

但还有一种弱势,那就是源自强势的弱势。就像安飞士广告经常宣传的那样,"到安飞士租车吧,我们柜台前队伍更短。"

由于确实不能照顾好所有客户,难以想象赫兹公司(Hertz)如何应对这项战略。作为规模最大的汽车租赁公司,这是赫兹公司强势中的弱势,其实大多数市场领导者也是如此。

"买方保护计划"是美国汽车公司近年来取得的唯一一次成功,这是对通用汽车经销商劣质服务的有效攻击。像赫兹公司一样,通用汽车也是其自身成功的受害者。经销商在前方售出的汽车越多,后方服务方面出现

李斯特林是一种口味欠佳的漱口水,其在广告中曾夸张地说,"你憎恨的味道,一天两次。"Scope是一种口感极好的漱口水,并借此成为漱口水第二品牌。

的问题也就越多。

进攻方并不总是需要回避价格战。如果价格是强势中的弱势,那价格战就非常有效。为宣传电台广告优点而建立的无线电广告局,就是一个很好的例子。

谁是媒体广告的领导者?当然是电视。电视每年出售广告时段的收入就高达180亿美元,更重要的是,它还占领大多数广告主的心智。

电视的强势是什么?电视的强势就在于其覆盖性。像超级杯橄榄球赛这样的活动,转播都能覆盖美国60%的家庭。

电视的弱势是什么?巨大的覆盖范围需要付出极高的成本。超级杯橄榄球赛期间每分钟广告标价100多万美元,而且还在不断攀升。

第二次世界大战期间,美国政府每分钟花费9 000美元。越南战争中,每分钟花费2.2万美元。现在,超级杯橄榄球赛广告费用每分钟高达100万美元。战争着实昂贵,但商战毫不逊色。

无线电广告局广告标题问道:"你如何摆脱电视广告的天价成本之痛?"答案是:广播电台。

众所周知,无线电广播费用相对较低,

但要考虑占领消费者心智的性价比。

进攻战第三条原则

尽可能在狭长地带发起攻击。

此项原则特别强调单一产品,昂贵的"全线作战"只有领导者有能力承担。进攻战应尽量收缩战线,尽可能向单一产品靠拢。

在这方面,商业人士可以多借鉴军事经验。第二次世界大战期间,进攻战的战线通常十分狭窄,有时甚至是沿一条公路突入。进攻部队在完成突破后才会横向展开,占领阵地。

在狭窄战线进攻需遵循兵力原则,集结兵力以获得局部优势。克劳塞维茨曾说,"若无法实现绝对优势,则须巧妙利用现有条件,在决战地形成相对优势。"

长远来看,利用多种产品进行长战线突袭,企图快速获取大量市场的商业军团,必将失去所得份额,情况有时甚至会更加糟糕。

许多行业排名第二或第三的公司正是犯了这种错误。克莱斯勒总裁林恩·汤森曾说,"我们绝对不会错过美国汽车市场上的任何机会",这正是克莱斯勒过去各种问题的症结所在。

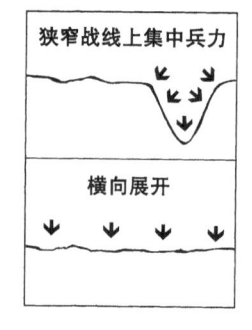

你或许认为狭窄战线上集中兵力攻击,会明显优于大范围分兵作战,但许多管理者却不这样认为。在戴尔和惠普之间的竞争,戴尔直接销售的产品相对较少,而惠普通过各种不同渠道销售各种不同产品。哪家公司的战略更好呢?当然是戴尔。

美国汽车公司总裁曾公开抱怨，其产品只在 25% 的汽车市场销售。美国汽车公司接下来要做的可能就是扩大其产品线，但长远来看，这恰恰会削弱它的销售。

防御者胜算大

《圣经》中的大卫并不是每天都能出去杀死巨人。同样，进攻战并不是一项轻松的任务。

克劳塞维茨提出的第二项战略原则是防御优势原则。统计数据表明，大多数进攻都以失败收场。一项对 600 家公司为期两年的调查表明，只有 20% 的公司市场占有率提高了 2% 或以上。换言之，80% 的公司收益极低或者已经完全失利。

如果注意下这些公司的成立时间，就会发现，随着时间推移，市场占有率到某一点就保持不变了。这就像是第一次世界大战期间，战斗转入堑壕战后，此时的战绩是以码而非英里来计算的。

当然，在历史只有 5 年或以下的公司中，有 40% 增加了市场占有率。而对于有 20 年或以上历史的公司，只有 17% 会出现市场占有率增加的情况。

Linux 因与 Microsoft Windows 对着干成为大品牌。Windows 需要付费，Linux 完全免费；Windows 有专利保护，Linux 是开源软件……

每个强势背后都有弱势。就像尤吉·贝拉曾经说过的那样，"没有人再去那里，因为它太流行了。"

进攻战显然只属于最坚定、最有能耐的企业人士。然而，通过仔细分析领导者的强势，还是可以显著提高成功概率的。

强势中的弱势

强势中往往隐藏着弱势，但前提是你能否发现它，希腊神话英雄阿喀琉斯的脚跟就是他致命的弱点。

当一家公司的市场份额超过一定水平时，它会变弱，而不是变强。市场占有率达 60%、70% 甚至 80% 的品牌看似不可一世，但它们有时十分脆弱，前提是你能找到其强势背后的弱势。

以业余摄影用彩色感光胶片为例。此种胶片在美国的市场总值约为 10 亿美元，柯达的市场份额高达 85%（数据显示，柯达的税前利润率高达 50% 以上）。

显然，这是一头有巨大能量的黄色怪兽。攻击这样一头巨兽，必须精心制定战略。

价格战肯定不可能。柯达有如此之高的利润率，即使价格减半仍有利润可赚。此外，胶卷价格只占整个消费的一小半。大多数业余摄影爱好者所使用的胶卷都必须进行冲印，而冲印费用超过了胶卷本身。

以质量为突破口，也绝无可能。大多数摄影爱好者根本看不出胶卷好坏，即使你能够生产出质量明显不同的彩色胶卷，柯达这一全球最大的彩色胶卷制造商也能快速赶超。

你肯定找不到单纯的弱点，不如换个角度看柯达的强势。柯达在感光胶片方面有何优点？

优点在于，它无处不在。无处不在的黄色小包装盒，就是柯达的主要优点之一。

你几乎在任何地方都能找到柯达胶卷的踪影，包括所有超市、药店、报亭和乡间糖果店。单美国境内的柯达销售点就有近20万家，它的说明书都以8种语言印制。

对于胶卷使用者而言，通用性是最大的优点所在，世界任何角落都能买到一盒柯达胶卷。由于胶卷使用者倾向于认准一个品牌，柯达明显是他们的首选。

柯达强势背后的弱势是什么？如果仔细看包装盒，你会发现上面印有一个"有效日期"。柯达制作感光胶卷，类似于布里干酪和金吉达香蕉的制作过程。柯达制作出"尚未成熟的产品"，然后在货架上慢慢变熟。如果胶卷"熟过了头"，照片洗出来会有变色现象（通常略带粉红色），结果往往令人大失所望。

柯达胶卷的强势无处不在，是基于其在

感光胶卷制作过程，类似于香蕉采摘过程。制作出来的"未成熟产品"，必须在分销渠道中增熟。

室温下老化这一过程。

彩色胶卷可以像香蕉一样出厂时就"熟"了。但与香蕉不同的是,彩色胶卷在冷藏条件下会一直保持原有状态(这就是专用胶片出售前保持冷藏的原因)。

因此,柯达竞争对手的进攻战略应该是针对业余摄影市场推出全球首款冷藏彩色胶卷,我们建议取名为"Trucolor",告诉消费者其所购买的胶卷在货架上未发生老化。

当然,你无法在柯达 20 万销售网点内出售 Trucolor 胶卷,因为大部分销售点都没有冷藏设备。不仅如此,柯达无论如何都会牢牢把持这些网点,不允许其他品牌入侵。

Trucolor 最佳销售地点是超市冷藏区。胶卷六盒一组,告诉顾客在使用之前将胶卷存放于冰箱内。

也许会有那么一天,你的冰箱里除黄油盒外,还会多一盒胶卷。

然而,必须得有人能看到 Trucolor 战略的潜力,虽然这个概念已被美国第二大胶卷制造商 3M 公司"打入冷宫"。一直以来,3M 的市场份额远不及柯达。

同样的思维可用于对抗任何无所不在的大品牌。例如,你会怎样对付金宝汤?从口味和价格着手,想都不要想。事实上,你应

若要同柯达竞争,我们建议 3M 推出一种下生产线后随时可用的感光胶片,并将其命名为"Trucolor"。

该忘了罐头里的所有东西，而把注意力放在罐头盒本身，这才是金宝汤的弱点所在。

罐头盒会生锈，但金宝汤有价值数亿美元的制罐设备，因此不会轻易放弃。然而，新进竞争者却不会受此限制，它们可以尝试塑料、玻璃或无菌包装，然后向金宝汤公司挑战，让消费者不再用易生锈的罐头盒。

不要指望任何公司会快速接受这些观念。出色的进攻战略很难"出售"，因为它们本质上是不走寻常路，不符合大多数管理者走寻常路的逻辑。

怎样才能与市场领导者金宝汤竞争？使用玻璃或塑料包装，然后大肆宣传罐头盒的缺点。有些汤料生产商只做了一步，它们强调的是新包装的好（玻璃容器），却没有攻击原有包装的坏（罐头盒会生锈）。

收缩战线的好处

另外一个难以"出售"的战略概念案例是联邦快递。弗雷德·史密斯在耶鲁大学写经济论文时论述了这一概念，他的教授给出了"差"的评分。

但这并没有令史密斯先生气馁。他找到了 8 000 万美元的风险投资，开始执行这一战略。10 年后，联邦快递发展成为包裹快递业利润颇丰的竞争者。

联邦快递有许多可圈可点之处。系统仅用于运送重量不超过 70 磅的包裹和信件；它是世界上首个采用放射状投递方式的航空快

> **隔夜送达**
>
> 若要检验你的商业战略，问问自己"想用哪个词占据心智"。联邦快递努力占据"隔夜送达"一词，公司在这个过程中大获成功。那么，联邦快递今天想占据哪个词？我们相信大多数人都不知道"请放心，这是联邦快递"的主题，尽管公司广告投入巨大（最近一年广告费用为8 850万美元）。它应该做的就是回到原点："绝对、肯定隔夜送达包裹"。其含义是：如果联邦快递能提供出色的隔夜送达服务，那么肯定能提供同样出色的两日或三日送达服务。

递公司；所有包裹都不是点到点运送，而是通过位于孟菲斯的集散中心先分拣，再由出境航班运往各地。

放射状概念是一项技术突破，就像1346年克雷西之战中英国人使用的长弓一样。

尽管握有"孟菲斯长弓"，联邦快递却并非一夜成名。最初，联邦快递企图通过三类服务与Emery和Airborne等公司竞争，即一类、二类和三类服务（分别对应1天、2天和3天快递）。联邦快递广告曾说，"本公司自备飞机和卡车，更加可靠，更为价廉。"

这种想法完全错误，公司前两年损失高达2 900万美元。昂贵的"全线作战"只有领导者才有能力承担，进攻战第三条原则要求我们必须尽可能缩窄进攻战线。

而后，联邦快递开始转变战略，全力投入一类服务。它在电视上投入大量广告，"绝对、肯定隔夜送达包裹"。这个广告是新战略的转折点。

多年来，这种收缩战线的战略收获颇丰。时至今日，联邦快递已成功主导小型包裹航空快递市场，年营业收入超过10亿美元，相当于Emery和Airborne的总和。

全线作战之弊

美国管理科学公司，这家全美规模最大的大型计算机软件独立供应商，遭遇滑铁卢之败，才明白要利用单一产品发起攻击。失败始于它收购了"桃树"软件公司（Peachtree），企图进军个人计算机软件市场。

然而，它运营"桃树"公司时将其视为领导者而非追随者。在一项称为"大爆炸"的商战中，"桃树"公司推出了25款不同的软件产品。美国管理科学公司总裁夸口，通过推出多系列、高品质个人计算机软件产品，"桃树"公司将会超越"莲花"软件等公司，因为这些公司依赖单一系列产品。

"桃树"公司的"大爆炸"行动规模宏大，包括巨额广告投放。然而，不到两年时间，美国管理科学公司宣布个人软件业务投资失败，宣布将要出售或分拆旗下的"桃树"公司业务。

更糟糕的是，当美国管理科学公司全力经营"桃树"公司时，其大型计算机软件业务被竞争者逐步蚕食。如今，Cullinet Software 的成长速度超过了美国管理科学公司，大有赶超之势。

詹姆斯·韦瑟比在《联邦快递：全球快递顶尖服务》一书中归纳了联邦快递取得成功的11项管理原则。你猜哪项管理原则涵盖了"隔夜送达"概念？答案是：完全没有。

向垄断者进攻

垄断者看起来似乎特别强大，但即使市场占有率接近100%的公司也能被别人击败，前提是你必须找到其强势中的弱势。

以发行量超过200万份的《华尔街日报》为例。《华尔街日报》不仅是美国规模最大的报纸，其广告刊登量也超过了所有印刷媒体。你可能会说这是一个极具诱惑力的目标，但事实上，它没有遭到任何"攻击"。

既然如此，我们就来过一下"嘴瘾"。《华尔街日报》是如何做到如此强大的？

你可能会说，这里有伟大的作者和编辑。因此，你可能希望以更加出色的编辑向《华尔街日报》发起攻击，但这不是一个好的战略。优秀的将领会努力避免将胜利的赌注压在人员素质上，优秀的将领要在决战地掌握相对优势。

优秀的商业领袖也不会尝试写出比《华尔街日报》更好的文章。

《华尔街日报》的强势在哪里？深入观察这份报纸你会发现，它实际上由两份报纸组成：一份是包含各种商业新闻（新产品、新设备和新商业活动等）的商业报纸，另一份是涉及股票、债券和企业盈利等信息的财经报纸。

《华尔街日报》分为三个常规版面。"市场"部分全都是商业信息，"投资理财"部分全与财经有关，两者对半分。进攻战略必须关注领导者所处位置的一个部分。《华尔街日报》的商业部分就是我们选定的切入点。

第8章 进攻战原则

为证明这一点，我们剪开一份《华尔街日报》，分别将商业新闻和广告以及财经新闻和广告放在一起，结果发现两者高度几乎相同。

那么，你要攻击哪一版面？"华尔街"这三个字决定了《华尔街日报》本质上是一份财经报。因此，其商业部分应该是更好的攻击点。

"商业时报""商业新闻日报"将是不错的名称和定位。商业读者不必费劲看完"芝加哥城最新发布10.375%的市政债券"等财经新闻，商业广告商也无须多浪费资金（在《华尔街日报》刊登广告一整版需花费75 355.68美元，而且这个价格还在快速上涨）。

"商业时报"战略直接来源于进攻战三原则。

第一条原则：领导者的强势地位是主要考虑因素。换言之，就是把注意力集中在《华尔街日报》上，而非你自己。

第二条原则：找到领导者强势中的弱势，并聚而攻之。同大多数垄断者一样，《华尔街日报》满足所有人的所有需求。这是它的强势，也是它的弱势。

第三条原则：尽可能在狭长地带发起攻击。一份商业时报只能攻击《华尔街日报》一半的领地。

发行一份商业时报应该会耗资5 000万~1亿美元吧？答案是肯定的。但这还赶不上甘尼特公司试图把《今日美国》赶出领地投入的费用，要知道这个成功概率要低得多。

《今日美国》是针对不确定市场的侧翼战，而"商业时报"是对仅广告收入就有2.5亿美元之巨的既有市场发起的进攻战。

你可以为进攻战投入更多资金，因为你知道市场就在那儿。而侧翼战，通常都是投机性冒险行为。

> 乘胜追击是赢得胜利的保证，很多时候比首次进攻还重要。
>
> ——卡尔·冯·克劳塞维茨

第 9 章
侧翼战原则

MARKETING
WARFARE

第一次伊拉克战争伊始，美军及其盟军驻扎于科威特和沙特阿拉伯东部。伊拉克人本能地认为，美军将从东部进攻。然而，诺曼·施瓦茨科夫将军调动15万盟军向西进发100英里，然后从南部发动主攻，打得伊军措手不及。100小时后，伊拉克防线崩溃，美军宣布战争结束。

对于多数企业高管而言，进攻与防御都是可供选择的战略。领导者防御，其他市场角逐者进攻。那么，还有别的战略形式吗？

有的，侧翼战。对于大多数高管而言，侧翼战似乎像是与商战不相关的军事概念。事实并非如此，侧翼战是最具创新性的战略形式。

大多数军事指挥官都会花费大量时间研究如何发动侧翼战。美国最近一次大规模登陆作战（即麦克阿瑟将军在1950年登陆仁川），就是一次侧翼攻击。侧翼战并非总能获得成功，1944年盟军在安齐奥的失败就是一个鲜活的例子。

无论是从商业还是军事角度看，侧翼战都是一次大胆行动。人们孤注一掷，背水一战，侧翼战需要以小时和天为计算单位进行详细战略规划。

第9章 侧翼战原则

对军事将领而言,进攻战与防御战是战争常态。但如果有一天,能指挥一场侧翼战,这将是他取得军事生涯最辉煌胜利的绝佳机会。

比起其他任何战争形式,侧翼战更需要掌握作战原则,尤其攻击发动后,要能预见战局的走势。这些优秀的技能,丝毫不亚于任何一位高超的棋手。

侧翼战第一条原则

最佳的侧翼战是在无争地带展开。

你肯定不会将伞兵部队投放到敌军的机枪口上方;同样,你也肯定不会将侧翼攻击产品投放到已有强大品牌占据的市场。

侧翼攻击不一定需要不同于市场现有产品的一种新产品,但必须包含一定的创新或独有因子,潜在顾客必须能够将你归到一个新品类中。

数字设备公司利用小型计算机,顾客称之为"微型计算机",向 IBM 的大型计算机发起侧翼攻击。

侧翼战能否成功,往往取决于你开创并维持一个新品类的能力,这一点至关重要。这其实并不简单,尤其是领导者可能会否认新品类的存在,进而挫败你的进攻。

既然可以绕过领导者而发动侧翼攻击,那为何还要正面进攻?这个看似简单的问题,其实蕴含着强大的战略思维。

传统商业理论可能将此种方法称为"市场细分",即寻找市场空缺。有一个战略前提是,如果要发动一场真正的侧翼战,你必须率先占领细分市场。否则,只能算是向防守严密的敌人发动了一场进攻战。

实际上,侧翼战和进攻战两者完全不同。市场上无人防守的山地或细分市场只需一个班的兵力便可占领;有人防守的同一山地可能需要一个整编师拼尽全力才能拿下。

侧翼攻击需要深谋远虑。这是因为,在一次真正的侧翼攻击中,新产品或服务尚没有成熟市场。

这对于没有任何内容可输入计算机,却需要交出一份作战报告的商学院才俊来说,是个巨大挑战。Miller 公司凭借莱特牌啤酒(Lite)侧翼攻击整个行业时,淡啤的目标市场在哪里?天知道!

可如今,美国人每年消费的 3 500 万桶啤酒中大多数是由 Miller 公司酿造的。

对于传统商业者而言,在不知道市场在哪儿的情况下销售产品是一项难以完成的任务。但若要打一场漂亮的侧翼战,这是你必须完成的任务。

如果连市场都没有,生意从何而来?
答案是:从你要侧翼攻击的竞争对手那里

梅赛德斯-奔驰凭借销售价格更高的汽车,向凯迪拉克发起侧翼攻击。然而,奔驰的廉价版豪华车辆,例如 A 级和 C 级车,却持续损害了它的高端定位。

抢来。瓦解敌人力量是侧翼攻击成功的前提，它会爆发巨大威力，对竞争对手造成致命打击。

奔驰曾在高端汽车市场侧翼攻击凯迪拉克，使凯迪拉克的买家转而购买奔驰，因为他们习惯了"买最好的"。直至凯迪拉克推出更高价位的赛威汽车后，才在一定程度上恢复了元气。

侧翼战第二条原则

战术奇袭是作战计划中最重要的一环。

侧翼战本质上是一场突然袭击。在这方面，它不同于进攻战或防御战，因为后者的攻击性质和方向基本上可推知大概（如果福特要向通用汽车发起攻击，必须从雪佛兰和凯迪拉克之间某处着手）。

侧翼战却并非如此。最成功的侧翼进攻就是完全出乎意料，奇袭的程度越高，领导者做出反应和防御的时间也就越长。

另外，奇袭往往能够瓦解对手士气，让对方的工作人员一时瞠目结舌，在收到总部指令之前茫然不知所措。

但遗憾的是，市场测试或烦冗的调研往往会将战略过早地暴露给竞争对手，使大规

作为全球第一款硬盘式MP3播放器，苹果iPod已成为年轻一代的必备产品。史蒂夫·乔布斯有一点很厉害，就是对新产品守口如瓶，直到其正式上市。

模侧翼战大打折扣。

达特利就是一个生动的案例：它所进行的市场测试使强生公司意识到潜在的危险，因此绝难有机会获胜。

对预定侧翼攻击目标进行市场测试，会陷入两难境地。失败则已，若是成功，它必然会惊动领导者出手防御，如此侧翼攻击范围扩大到区域市场或全国市场时，恐难有胜算。

假使领导者愚蠢到完全忽视侧翼战的测试成功呢？若是如此，你也许能在全国范围内发布产品或服务，进而大获全胜。换言之，你只能祈祷上帝保佑，企望竞争对手丝毫没有察觉。

果然如此，你是幸运的。但另一方面，如此冒险完全违背了军事基本原则：战略应建立在敌方能力上，而不是依据敌人可能做出的反应。

侧翼战第三条原则

追击与进攻同等重要。

这是一条追击原则。克劳塞维茨指出，"如果没有追击，任何胜利都不会产生巨大效果。"

尽管如此，很多公司在初战告捷后就停

止行动。它们实现了最初的商业目标,便将资源分配到其他事情上。

这是一个误区,特别是在发动侧翼战时。古代军事格言:巩固胜利,避免失败。

假设某公司有 5 款产品,3 款畅销,2 款滞销。你认为高层管理者会花时间和精力在哪款产品上?对,是滞销产品。

正确的做法恰恰相反。我们应该干掉滞销产品,并将所有资源转而投入畅销产品。

这与股市淘金原则完全相同:放弃亏损股,追加盈利股。

但从情感而非经济角度来看,许多公司不知如何面对成功。它们倾向于无视未来发展,利用所有企业资源挽回已经犯下的战略错误。

侧翼战初见成效时要乘胜追击,你此时的目标应该是不断扩大战果。

然而,太多公司把重点放在挽救失败上,把很多时间和精力都花在保护滞销产品和滞销市场上,却很少去想如何做大初见成效的产品。

产品刚刚上市令人振奋,竞争对手较少且弱,正是站稳阵脚的最佳时机,这是一个转瞬即逝的宝贵时段。

近年来侧翼战的成功案例,如 Fantastik

喷雾清洁剂、Close-Up牙膏和Lite啤酒，都是在成功之前投入大量资源，而非之后。

成功孕育成功。有一点非常重要，即调动你所有的资源，在领导者开始设防、跟风产品蜂拥而至之前，迅速让你的新产品腾飞。

如果没有足够的资源持续推进已取得的侧翼战成果，那该怎么办？许多领域确实都存在这种情况，包括汽车、啤酒和计算机。

或许你一开始就不应该发起侧翼战，而是应该去打一场游击战。

侧翼战最初获得成功，但终因缺乏后续资源而日渐式微，失去大好前景，这种情况在商业发展史上比比皆是。

你还记得Altair吗？Altair是全球第一款个人电脑，1975年由一家名为MITS的公司首先推出。然而，缺乏后续资源的MITS于1977年被一个企业集团收购，2年后凋亡。从生到死，仅有短短4年时间[MITS创始人艾德·罗伯茨（Ed Roberts）利用其从Altair中获得的利润在乔治亚州买下一座农场]。

很大程度上，Altair都是其自身成功的牺牲品。其所开创的巨大市场，最终吸引了握有更多资源的大型参与者。

大多数公司永远不会有机会推出个人电

产品全称为MITS Altair 8800。为什么新类别的第一个品牌，总是取一个又长又复杂的名字？第一部手机叫作Motorola DynaTAC 8000X；第一台计算机称为ENIAC，它是电子数字积分计算机的首字母缩写。竞争中胜出的品牌通常具备简短的名称，如苹果和诺基亚。

脑，大多数公司满足于推出更多平庸的产品。你应该如何为你的产品寻找侧翼战的机会呢？我们来回顾一些典型的侧翼战案例。

低价位侧翼战

低价攻击是最明显的侧翼战手段。此种方法的优点在于市场天然存在，毕竟每个人都希望节省资金。然而，降价赚钱并非易事。

诀窍在于，在客户不注意或无所谓的地方削减成本，即"实用法"。

15年前，天天旅店在低端汽车旅馆市场上向假日旅店发起侧翼战。现如今，天天旅店已成为美国第八大连锁旅店，也是利润最高的旅店之一。

Budget在低端汽车租赁市场向赫兹和安飞士发起侧翼战。如今，Budget正与National争夺汽车租赁市场第三的位置，这彰显"追击"原则的重要性。Budget异军突起并迅速扩张，在全球37个国家开设了1 200多家分店。Budget迅捷的乘胜追击能力将Dollar、Thrifty和Econo-Car等低价跟风竞争者远远抛在后面。

1975年，一家名为赛文的公司凭借日本理光小型廉价复印机打得施乐公司措手不及。

低价侧翼战能使你赚得盆满钵满。约翰·奥谢尔和其他三名克利夫兰当地创业者开发了全球第一款电动牙刷，每支售价5.00美元。1998年，这款名为"SpinBrush"的电动牙刷投入市场。两年后，SpinBrush以4.75亿美元的价格出售给宝洁公司，而当时的开发费用总计也就150万美元。

绝对伏特加是高价侧翼战的又一个范例，定价比领导品牌（司木露）高出50%的绝对伏特加最终大获成功。绝对伏特加出色的广告是其中的关键因素吗？当然，这是肯定的。但如果缺少高价配合，广告的效果也将大打折扣。灰雁伏特加以其人之道还治其人之身，用更高的价格侧翼攻击绝对伏特加。上市7年后，百加得公司以20亿美元的惊人价格收购灰雁，创下烈酒行业历史上金额最大的单一品牌交易纪录。

赛文很快在广告中追击宣传，其在美国销售的复印机数量超过了施乐和 IBM 的总和。

航空业，人民捷运公司凭借经典低价策略大获成功。

高价位侧翼战

心理学家罗伯特 B. 恰尔迪尼曾讲过这样一则故事：亚利桑那州有一家珠宝店想设法出售一些绿宝石饰品，店主外出旅行之前，给她的主管写下一张条子，内容大致是"假如卖不出去，所有价格减半"，即使亏本也要把这批珠宝处理掉。几天后，店主回来了，发现所有珠宝都已售罄。原来，店主纸条太潦草，销售员将 1/2 看成了 2，结果所有物件都以两倍价格售出。

对于许多产品而言，高价带来利益点，有助于提高产品的可信度。例如，Joy 香水宣称其为"世界上最贵的香水"。对于 Joy 而言，高价就是顾客利益点。

高价侧翼战有许多机会可循，以爆米花为例。1975 年，Hunt-Wesson 花费 600 万美元为奥威尔·雷登贝克美味爆米花打广告（整个爆米花市场当年的销售额仅为 8 500 万美元）。

尽管奥威尔·雷登贝克定价比领先品牌高出 2.5 倍，却一飞冲天。4 年后，它成为美国排名第一的爆米花品牌,尽管它标榜自己为"全球最贵的爆米花"。

甚至超市这样的低价行业也有高价机会。"美食家"超市开始营业后,在出售狗粮和清洁剂等普通商品的同时,也出售龙虾、松露、鱼子酱等高价商品。盛大联盟公司(Grand Union)在美国东海岸共开设了34家超市,统一称为"食品商场"。明尼阿波利斯市的Byerly's是一家只有6家分店的小型连锁超市,店内以地毯铺走廊和水晶灯吊顶,它也是美国第一家由设计师设计的超市。

哈根达斯特级冰淇淋是高价侧翼战的又一经典案例。

哈根达斯是有史以来第一款高乳脂冰淇淋,销量已超过其他所有特级冰淇淋的总和。

几乎所有行业都有高价侧翼战的成功案例。从汽车(梅赛德斯)到银行(摩根担保公司),再到啤酒(米狮龙),从协和式飞机到君皇手表,几乎所有产品或服务都有绝佳的机会以高价发动进攻。

高价侧翼战之所以较低价侧翼战更有市场机会,主要有两个原因。一是潜在客户倾向于认为价高质就优,一分价钱一分货;二是高价能产生高利润,高利润能为侧翼战提供扩大战果的追击资金。

全食超市是美国增长速度最快的连锁超市。全食所售商品价格较高,而且主要销售有机食品。

雷克萨斯并不是日本第一个高档汽车品牌,讴歌才是。但雷克萨斯仅售昂贵的六缸和八缸发动机车型,轻松赢得豪华车市场。讴歌还出售比较便宜的四缸发动机车型,结果拉低品牌势能,输掉商战。

小尺寸侧翼战

索尼是以小尺寸产品发动侧翼战的典型实例。索尼公司采用集成电路制造出一批创新性小尺寸产品,包括 Tummy 电视机、随身听和便携式电视机(Watchman)。

然而,有史以来最经典的侧翼战案例当数甲壳虫汽车。大众汽车迂回包抄通用汽车,使汽车工业格局发生了巨大变化。

通用生产大型车,大众生产小型车。

通用采用前置发动机,大众采用后置发动机。

通用生产外观漂亮的汽车,大众就推出外观丑陋的甲壳虫。

大众汽车广告说,"想想还是小的好",俨然就是向底特律堡垒发起的攻击,一场经典的侧翼战。

但是一有机会,大众便开始琢磨大型车。很快,大众推出了八座小型客车、四门411型和412型轿车、运动版Dasher和大众称之为"大块头"的吉普型汽车。

广告诉求也变了——"大众,总有一款适合你",是指大众力求满足所有消费者的需求。

克劳塞维茨对这种战略有何看法?原文如下:"*Seine Kräfte in einem überwiegenden*

典型的品牌延伸广告。试图满足所有人的所有需求,是一家公司所犯的最大错误。

Masse vereinigt halten. Die Grundidee, überall zuerst und nach Möglichkeit gesucht werden."

这好像说的就是大众公司，大众高管应该拜读过德文原版的智慧之言。

大多数人可能需要看看上述原文译文："集中优势兵力，这是基本原则。不论在什么地方，这都是应该首先尽力遵循的原则。"这大概是克劳塞维茨在全球军事学院被引用最多的军事思想，值得仔细体会。

从商业角度来看，大众试图在同一品牌下推出众多不同产品，造成产品线拉伸过长，这是一个非常危险的打法。

接下来发生的事情大家都知道了。"虎！虎！虎！"更确切地讲，丰田、日产和本田等日系品牌冲破了大众的薄弱防线。

曾几何时，大众占美国进口汽车市场67%的份额。那一年，大众汽车销量是排名第二进口品牌的19倍。而现在，大众在进口品牌市场中的份额竟不足7%。

大众又回到原地，它因小变大，最后又因大变小。

10年前大众再次推出甲壳虫汽车，2.0版甲壳虫一上市就大获成功。人们看着小巧、丑陋却可靠的甲壳虫，"这才是大众汽车"。1995年，大众汽车跌入谷底，其在进口汽车市场中的份额下降到4%。现在，大众的占有率已恢复到6%，这在很大程度上得益于新甲壳虫的推出。

大尺寸侧翼战

另一个侧翼战先锋是 Head Ski 公司创始

人霍华德·海德。将 Ski Company 出售后，海德先生把目光投向了网球市场。

1976 年，海德的 Prince Manufacturing 公司推出超大型网球拍。尽管有人戏称其为"骗子"球拍，但 Prince 公司的新产品仍然主宰了高品质球拍市场。截至 1984 年，其市场份额高达 30%。

但 Prince 不想止步于此，或者说得更准确些，Prince 最近收购了 Chese brough-Pond's 公司。随即，Prince 推出一系列中等尺寸网球拍，比 Prince 球拍小 25%。

历史再次重演。Prince 因大变大，现如今 Prince 开发出小尺寸网球拍时，它却因小变小了。

曾有一位网球店老板说过，"他们迷失了自我，总是想满足所有顾客的需求。"

渠道侧翼战

向竞争对手渠道发动侧翼战，也是一种有效战略。有时只需开辟一条新的销售渠道，便可有效打击市场地位稳固的竞争对手。

手表以前几乎只在珠宝店和百货公司出售，直到天美时开辟了药店销售渠道，从侧翼攻击市场稳固品牌。

雅芳是第一家上门推销化妆品的公司，从侧翼攻击了既有的多种销售渠道（雅芳沿着富勒刷子和其他品牌开辟的道路前进）。

有史以来最具破坏性的侧翼战由 Hanes 公司发起。20 世纪 70 年代初，Hanes 生产一种廉价的 L'eggs 裤袜，主要在食品店和药店的自由立架上出售。凭借新颖的包装和强有力的广告宣传活动，L'eggs 在五年内获得 13% 的裤袜市场份额。

基于渠道的侧翼攻击可以是最有效的侧翼行动之一。时至今日，L'eggs 已成为美国第一大裤袜品牌（戴尔是基于渠道侧面攻击的另一个成功范例）。

特性侧翼战

牙膏市场之前一直波澜不惊，直到宝洁公司的佳洁士牙膏获得美国牙医协会认证并蹿升至冠军宝座。自那时起，多个牙膏品牌通过特性侧翼战取得了长足进步。

第一个品牌是 20 世纪 70 年代初期的 Lever，当时大多数牙膏都是膏状的。但 Lever 认为，看起来像是漱口水的透明产品能为消费者提供更加清新的口气，口气清新是个不错的特性。当然，若要美白还需加入研磨剂。

Lever 的两名科学家发现了以前从未用于牙膏生产的硅研磨剂，使透明胶状配方成为可能。产品 Close-Up 推出后，透明的红色胶状牙膏迅速登上牙膏销量季军宝座。

你或许以为凝胶配方是在实验室中偶然发现的,但事实并非如此。透明红色凝胶融合牙齿增白剂和漱口水制成,Close-Up 实际上是一种商业战略,科学家们寻找配方的目的是让这种概念发挥作用。这表明,出色的战略方向能为战术提供帮助。如果你知道自己在寻找什么,在你看到它时就会更加容易把它挖掘出来。

Lever 的下一个战略更加出彩。其决定向 Close-Up 加入氟,目标人群为 6 ~ 12 岁的龋齿易发儿童人群。

然而,其并没有像大众汽车那样品牌延伸,没有推出含氟的 Close-Up,而是推出一个全新的品牌——Aim。

大规模牙膏之战,成也口腔,败也口腔。孩子们的意愿,往往决定着家庭对品牌的选择。毫无疑问,所有孩子都喜欢甜味,口味好同样是个不错的特性。

Aim 是一种含氟的甜味凝胶,跟 Close-Up 一样,一经推出就一飞冲天。两个品牌的市场占有率高达 20% 左右。

然而,有一家叫作 Beecham 的公司证明有多种方法可以在保持口气清新的同时防止龋齿。Aim 疯狂增长几年后,Beecham 推出了双

在高露洁和佳洁士两大品牌主导的残酷竞争市场中,Aquafresh 发展持续向好,主要原因是 Aquafresh 产品的视觉差异。任何可能的情况下,公司都应尝试为自己的品牌提供视觉差异(劳力士的表带,拉夫·劳伦衬衫上的马球运动员形象,科罗拉瓶上的一片柠檬,蒂芙尼的蓝色包装,等等)。

重防护牙膏 Aquafresh。差别十分明显：Aquafresh 融合了白浆（预防龋齿）和蓝色凝胶（清新口气），一经挤出蓝白交织，清晰可见。

显而易见的差异化外加双重保护概念将 Aquafresh 推到销量季军宝座，领先于 Aim 和 Close-Up。

基于产品特性的侧翼战，不仅限于牙膏市场，而且几乎适用于所有产品。

以香皂为例。作为商业领域最古老的产品之一，各种添加剂在香皂上粉墨登场。市场上历年来出现过香水肥皂（Camay）、除臭肥皂（Dial）和保湿肥皂（Dove），最近有公司推出一种软皂，就是原始的液体皂。

软皂证明了首创的重要性。市场上一度出现过 50 多种液体皂，但大部分模仿者都已被淘汰，第一的位置现在仍然由软皂占据。

低热量侧翼战

在健身热潮兴起的时代，史都华推出了"瘦身特餐"，一种热量小于 300 卡路里的单份冷冻主菜。

现在人们喜欢慢跑，健身俱乐部遍地开花，难怪"瘦身特餐"如此火爆。在不到一年的时间内，"瘦身特餐"就虏获了 10% 的冷

Stouffer's Light

史都华的 Light 品牌是"瘦身特餐"的前身，但测试结果显示此名字不佳。尽管几乎所有真正意义上成功的产品都有新名称（红牛、星巴克、谷歌、亚马逊、eBay、雷克萨斯等），但大多数公司在为新产品命名时仍顽固地采用品牌延伸策略。

苹果在低端市场对IBM成功发起侧翼战，进而主导8位家用电脑数十年。

IBM以16位个人电脑在高端市场上回击苹果8位，这可能是20世纪最重要的电脑产品了。遗憾的是，名字还叫IBM，结果功败垂成。IBM真的应该使用一个不同的品牌名（如果丰田汽车在高端市场以"超级丰田"而不是雷克萨斯进入，是否会同样成功？当然不会）。

冻主菜市场份额。

史都华以经典军事风格推出主打产品，没有偷偷摸摸进入市场，也没有做大范围的市场测试。

"瘦身特餐"广告发布一上来就是宏伟而大胆。推出第一年，"瘦身特餐"广告费约占全部冷冻主菜广告费的三分之一。

遵循侧翼战的追击原则，史都华始终保持对"瘦身特餐"的持续投入。品牌在发展过程中逐渐主导市场，并有效阻击了竞争对手。

侧翼战成功要素

过于胆怯或谨慎者无法发动侧翼战，它是一场赌博，要么全胜，要么完败。此外，侧翼战还需要独到的眼光和先见之明。超大型网球拍的市场在哪儿？Prince公司推出这种产品之前，根本就没有这个市场。

喜欢做市场调研的企业高管往往会觉得侧翼战难以实施，他们总是习惯于用市场调研结论取代独到眼光。

"先生，您是否愿意购买一个超大网球拍？"这个问题其实连问都不用问。

潜在顾客往往无法确定，面对变化明显的产品，到底要不要买。出色的侧翼战，应该能够显著影响潜在顾客的选择。

"你会花2 000美元买一台个人电脑吗？"

10年前，大多数人都会说"不"。今天，大多数当时说"不"的人，会抱着苹果机和IBM PC机走出电脑商城。

侧翼战往往需要行业领导者配合才能取得成功。个人电脑市场方面，有人认为正是IBM使得苹果顺利入市。其实这种说法是错误的，IBM给予苹果的礼物是4年的喘息时间。如果你正准备发动一场侧翼战，你指望有多长时间可用？

了解行业趋势的一种方法是阅读行业刊物。领导者通常以相当开放的思想看待未来，如果他们就某个产品公开发表反对意见，你就知道你赢得了一些时间。在复制你的成功之前，他们必须先战胜自己的傲慢，这需要的可不是一时半会儿的时间。

另一个因素是投产周期。在通用汽车将小型汽车投放市场之前，大众有好几年的时间可以利用。在汽车行业里，即使是年度车型调整，从设计到生产也需要3年时间。一个全新车型，如小型车，需要的时间更长。第一款大众汽车于1949年首次登陆新泽西海岸，但通用汽车直到1959年才推出第一辆Corvair。

克莱斯勒厢式微型车也是侧翼战的经典成功案例，厢式微型车的成功对克莱斯勒而言意义重大。为此，它在广告中宣称自己是一家"厢式微型汽车公司"。

同一时间，日本人还横插一脚，小型车竞争更加激烈。

防御方挫败入侵的最佳地点是海滩，因为敌军背后就是汪洋大海。商战也是如此。

遗憾的是，当通用汽车和美国汽车业开始考虑抵制小型车时，德系、日系车已从海滩攻入城市和乡镇很久了。

> 敌进我退，敌驻我扰，敌疲我打，敌退我追。
>
> ——毛泽东

第 10 章
游击战原则

MARKETING WARFARE

> **坦克在伊拉克战场上被动挨打**
>
> 它们不适合叛乱袭击

《今日美国》2005年3月30日头版头条新闻。商场如同战场，采用游击战略的公司可与规模更大、实力更强的公司有效竞争。

从中国到古巴，再到越南，历史反复证明了游击战的威力。在商业上，游击战的各种战术优势，也能保证小企业在巨头林立的市场中生存发展。

当然，规模只是相对的。规模最小的汽车公司（美国汽车公司）也比规模最大的剃须产品公司（吉列公司）大得多。然而，美国汽车公司应该采取游击战，而吉列公司应该采用防御战。

竞争对手规模比你自身规模更重要，商战成功的关键在于，根据竞争对手而非你自身制定战略战术。

游击战第一条原则

找到一块小得足以守得住的阵地。

这块市场可以是地理意义上的"小"，也

可以是体量上的"小",还可以是其他概念上的"小"。总而言之,是小到让大公司难以攻击。

游击战并没有改变商战中的兵力原则(大公司仍打败小公司),而是尽可能缩小战场以实现相对兵力优势。换言之,就是要成为"小池塘里的大鱼"。

区域市场是达成该目标的一种通常做法。在任何城市或城镇中,你常常都能找到规模比西尔斯(Seals)大的百货商店,规模大于麦当劳的餐厅,或者比假日酒店还要大的酒店。

地区性的零售店销售的是迎合当地需求的各种商品、食品或服务。从这个意义上讲,没有任何新颖之处,地区零售商几乎是自然而然这么做的。

问题是,要想发动成功的游击战,就需要把同样的想法应用在其他细分市场,有时它们却并不明显。

我们以劳斯莱斯(Rolls-Royce)为例。劳斯莱斯是汽车行业里的高价游击队,其占领了售价超过10万美元的市场。实际上,劳斯莱斯正是这个市场的霸主。

没有人想和劳斯莱斯竞争,理由是:第一,现有市场规模较小;第二,至少在竞争初期,劳斯莱斯拥有巨大的优势,兵力原则有利于劳斯莱斯。

生鲜直达公司(Fresh Direct)成功应用的战略,当初被网络货车公司(Webvan)采用时却是个灾难。两者不同之处在于,网络货车公司针对超市行业发动全国范围内的进攻战,而生鲜直达公司则选择一个小市场,打一场游击战。例如,纽约是生鲜直达公司发起游击战的绝佳选择地,因为这里的超市实力相对较弱,且几乎不提供停车位,加之生活在大城市的消费者节奏快,时间有限。生鲜直达公司的口号是:生鲜直供,宠爱顾客。

你听说过一家名为"电脑视景"（Computervision）的计算机公司吗？事实上，这家公司在 CAD（计算机辅助设计）工作站方面比 IBM 还要强大。这是一种典型的游击战略，即集中力量于市场的某一特定领域，抵御行业领导者的进攻。

在 CAD 市场，"电脑视景"公司以 21∶19 的市场占有率领先于 IBM。这一比例应该成为"电脑视景"公司管理层的首要关注点，他们必须不惜一切代价保持这种优势，要知道如果一支游击队开始在主场打败仗，它会迅速走下坡路。游击队需要市场领导者衬托并颁发证书，这比什么都重要，即使市场规模再小。

在某些方面，游击战看起来像是侧翼战。举例来讲，你会说劳斯莱斯就是以高价发动侧翼战。然而，侧翼战和游击战之间有着本质区别。侧翼战是经深思熟虑，在距离领导者较近的位置发动攻击，其目标是夺取或蚕食领导者的市场份额。

梅赛德斯－奔驰以高价向凯迪拉克发动了侧翼攻击，并且成功夺走了凯迪拉克大笔生意，以至于凯迪拉克不得不推出赛威车型（Seville）进行防御反击。

劳斯莱斯是真正的游击队。严格意义上讲，劳斯莱斯也可能会攫取其他品牌的业务，但其战略并非旨在夺取竞争对手的市场份额。劳斯莱斯经销商可以从地方赊销售代表或者珠宝店那里攫取业务。

游击队应着眼于多小规模的市场？这可需要判断力，应尽量找到一块细分市场，小得足以让你成为领导者。

但人们倾向于反着干，即攫取尽可能大的市场，这可能是致命的错误。

你很少听说哪家公司因为专注在很小的市场而破产。相反，你却经常可以听到，有的公司因为过度扩张而解体，这些公司总是在太大的地理范围、太多的市场推出太多的产品。

有时，游击队容易受到诱惑，把游击战打成侧翼战。换言之，就是试图靠近行业领导者，削弱其地位以增加自身的市场占有率。举例来讲，为什么劳斯莱斯不能推出一款价格较低的汽车以便从凯迪拉克、梅赛德斯－奔驰和宝马那里抢些生意？

主要原因还是资源。游击队是否有足够的资源（资金和组织资源）投入到不断升级的竞争当中？

有时是有的，但更多情况下是没有的。为支撑更大规模的组织，游击队有时会忘记，它们必须以放弃游击根据地转向公开作战为

20世纪20年代末，帕卡德曾是美国销量最大的豪华车，力压凯迪拉克、皮尔斯箭头（Pierce-Arrow）和Peerless汽车。但在1930年大萧条来袭时，你会怎么做？帕卡德的做法是推出120车型，而且随后又推出了价格更低的110车型。我们在本书初版时误解了Clipper快马，这个叫"快马"的低价帕卡德直到1941年才推出（注意快马广告中对低价的强调）。然而，我们的观点仍是成立的：如果能在大萧条期间沉着应对，并保持高价豪华定位，帕卡德今天仍将活跃在汽车行业。

代价。

游击队为什么不能两者兼顾？难道就不能在打游击战的同时发起侧翼战？为什么劳斯莱斯不能在销售15万美元汽车的同时推出售价5万美元的低价劳斯莱斯，以向梅赛德斯-奔驰发动侧翼进攻？

我们将这种思路称为"品牌延伸陷阱"。一个品牌无法支撑两个不同的概念。低价劳斯莱斯会损害其高价的定位，而且很多时候，低价产品也无法热销，因为没有人愿意购买廉价的劳斯莱斯。

这不是纸上谈兵。早在20世纪30年代，帕卡德公司（Packard）推出了一款高价车的低价版——帕卡德快马轿车（Packard Clipper）。结果，低价车大卖，高价车却销量惨淡。最后，快马成为帕卡德品牌从市场上销声匿迹的罪魁祸首。

这还是一个兵力原则问题。从本质上说，游击队初始兵力有限。为生存下去，游击队必须坚定抵抗住兵力分散的诱惑，否则只会带来灾难性后果。

第二条游击战原则

无论多么成功，都不能效仿领导者。

第10章 游击战原则

游击队为其董事长订购第一辆凯迪拉克豪华轿车之日，就是它开始走下坡路之时。

如果当初能说服越共派送他们的军官前往西点军校学习我们的作战方式，我们就能打赢越南战争。

值得庆幸的是，大多数游击队公司的领导都未去过哈佛商学院深造，没有学习通用汽车公司、通用电气公司和通用动力公司的作战方式。

这并不是说世界上的商学院培养不出优秀领导人才，它们确实能为大公司培养出优秀的企业高管，而大公司的商业案例正是学院课程的核心内容。但游击战略战术本质上与《财富》500强企业的战略战术截然相反。

游击队想要成功，需采用不同的组织架构和时间表。

越战中，美军有成千上万的伙夫、面包师、书记员、司机、牧师和公共关系官员，而敌军中没有这些人。实际上，敌军士兵人手一枪专门对付我们。而美军这边，很大一部分士兵都在搞后勤，承担管理职责，给士兵们提供给养和服务，满足战士需求（恶战一天后，给士兵们送上热气腾腾的美食）。

（1968年，美军在越南的总兵力为54.3万人，其中作战部队只有8万人左右，其余

越南战争中，仅有七分之一的士兵隶属作战部队，其他均为后勤人员，这种比例与大公司的组织架构大体相同。大公司中，只有一小部分员工在一线服务客户。

的都是后勤人员。）

我们来看一下大公司的组织架构。典型情况下，公司一半以上的员工要为其他员工提供服务，只有一小部分人员被指派到公司外，同真正的敌人——竞争对手交锋。

一些公司员工甚至好几年都见不到一名客户或竞争对手的销售人员，他们都是美国公司中的"伙夫和面包师"。

游击队应利用这一弱点尽可能多地部署前线人员。游击队应警惕陷于人浮于事的状态，不去制定流于形式的组织架构、职责说明、职业发展路径等，而应该尽可能将全部人员投入前线，不留非战斗人员。

这种精简的组织方式不仅是提高作战兵力比例的有效战术，还能显著提高游击队对市场变化的响应速度。

"灵敏快捷"，这是送给希望建立强势游击地位公司的金玉良言。

游击队还可利用自身规模小的特点，迅速做出决策。同全国性大公司竞争时，这就是一项宝贵的财富。因为大公司做出一个快速决定也需要 6 周时间，而一个一般决策通常需要 6 个月的时间。

第三条游击战原则

一旦有变,随时准备撤退。

留得青山在,不怕没柴烧。

这一忠告引自切·格瓦拉的《游击战》一书。战局对自己不利时应果断放弃你的阵地或产品,游击队绝不能将资源浪费在注定要失败的战斗上,而应该尽快放弃,改道前进。

这是游击队灵活机动和组织精炼的优势所在。游击队可以迅速开拓一块新的阵地,而不会像大公司那样经历内部调整的痛苦和压力。

头衔少、员工少也是一大优势。如果你是公司负责拉丁美洲市场的执行副总裁,现在你公司决意放弃拉美市场,你肯定会拼命坚持自身立场。你看,大公司做出重大决策之前,内部必然会明争暗斗打成一团。

相较而言,小公司可在没有任何内部波动的情况下完成决策。

与撤退相反的是急进。一旦瞄准机会,游击队应利用自身灵活性快速打入市场。

对于小公司而言,一个人的灵感便足以推出一种新产品。而对于大公司,同样的情况很有可能会由公司决策委员会论证数月。

鞋类进口商罗伯特·格姆(Robert Gamm)

MCI

MCI 公司从游击队起家,针对市场领导者美国电话电报公司发动了一系列游击战,收效显著,其中包括"朋友与家人"计划。但随着时间的推移,MCI 公司日渐膨胀并最终迷失方向。尤其是,它与世通公司(WorldCom)的合并简直就是一场灾难。

在慢跑或打网球时曾经为钥匙和零钱无处存放而烦恼。这种不便促使格姆先生产生灵感,推出一款侧面带拉链袋的"袋鼠"运动鞋,该款运动鞋年销售额迅速攀升至近7 500万美元。

游击队有时可能突袭攫取某个全国性品牌因某种原因而放弃的领地。游击队通常行动迅速,能够填补此类市场。

纳利食品公司(Nalley)发现卡夫公司(Kraft)开始放弃人造蛋黄酱市场时,在9天内就推出了一款类似的产品。国际橡胶公司是位于肯塔基州路易斯维尔市的一家小型公司,现在却生产市面上价格最贵的子午线轮胎,通过优质轮胎经销商进行销售,而这些经销商在米其林公司(Michelin)放弃其每镇一店特许经销体系后曾愤愤不平。

区域游击战

游击队可以在自己的地盘攻击几乎所有全国性的产品或服务,这是一种经典的游击战术。

《商业周刊》《财富》和《福布斯》都是美国知名的商业出版物。要想再推出一种全国性商业刊物难度极大且成本高昂,即使投入数千万美元也可能血本无归。

然而，城市商业刊物却欣欣向荣。区域商业刊物协会于 1979 年成立时只有 19 家成员刊物，5 年后这一数字飙升至 88 家。

美国城市商业周报有限公司（旗下拥有 8 份报纸）董事长迈克尔 K. 罗素（Michael K.Russell）曾说，发行一份周刊只需 75 万美元。

《克瑞恩芝加哥商业》（Crain's Chicago Business）是个典型的游击战成功案例。该报于 1978 年由克瑞恩传播有限公司（Crain Communication）开始发行，3 年后打入黑人阶层。目前，《克瑞恩芝加哥商业》拥有 4 万名付费订阅者，续订率高达 75%，据称其税前利润率高达 25%～30%。

相对于《商业周刊》80 万份的发行量，《克瑞恩芝加哥商业》4 万份的发行量看起来并不算多，但《商业周刊》在芝加哥大都会区仅有 3.6 万名订阅者。因此，克瑞恩至少在芝加哥超过了《商业周刊》。

游击战不会改变商战中的兵力原则。相反，游击战只是缩小战场规模以实现相对兵力优势。

游击战存在于所有行业。以银行业为例，几乎任何城市或州都设有本地银行，它们必须学会如何与大银行竞争。

在纽约市，由大通曼哈顿银行和花旗银

《克瑞恩芝加哥商业》现有 5 万多名订阅者，公司在纽约、克里夫兰、底特律以及墨西哥的墨西哥城和蒙特雷都发行类似的城市商业刊物。

不出所料，人民捷运已经离我们远去。除航线和航班快速扩张外，公司创始人唐纳德·伯尔还购入波音747开辟直飞伦敦航线。1985年，他投资3亿美元并购边疆航空，然后试图将战略重心从廉价航空转变为全方位航空。在破产几成定局的情况下，人民捷运于1987年被得克萨斯航空公司收购。同人民捷运相比，西南航空自1971年首航之后，便从未改变过其廉价战略。时至今日，西南航空成为美国最成功的航空公司，股票市值超过了美国五大航空公司总和。

行等大型城市银行主导金融战场。然而，一些小型银行通过立足当地，利用游击战术左右逢源。它们获胜的关键在于聚焦当地，从取当地名字就可见一斑。比如，泽西联合银行和长岛信托银行等就体现了这种战略。

航空业有大量游击战案例，有些取得成功，但更多是在盲目扩大游击战地盘后以失败告终。佛罗里达航空公司（Air Florida）和中途航空公司（Midway）便是最近的两个鲜活案例。

人民捷运公司以低价位发动游击战，随后购入更多飞机并开通更多航线。其一开始凭借灵活性获取市场，而后来以牺牲灵活性为代价，从原先的游击战转为侧翼战。但由于人民捷运没有资源同美国航空、联合航空和达美航空相抗衡，其未来必将凶多吉少。

人群游击战

还有一种经典游击战术就是吸引某特定人群，比如按年龄、收入、职业等划分的顾客群。

Inc. 算得上是典型的人群游击战案例。作为美国第一份面向小型企业主的全国性杂志，*Inc.* 自1979年发行以来取得了非凡成就。在

发行的第一年内，Inc.登载了648页的广告，广告收入近600万美元，成为杂志历史上最成功的创刊年。

Inc.的成功要归功于其创始人伯纳德 A. 格尔德赫希精明的商业眼光。他意识到，全国性商业刊物并不像看起来那么强大，《商业周刊》实际上应该称作《大企业周刊》，其不到100万份的发行量仅覆盖全美500万家企业中的一小部分，Inc.是第一家面向小企业主的刊物。

有些游击队综合利用了区域和人群战术。作为另一个取得营销巨大成功的案例，《林荫道》(Avenue)杂志只面向曼哈顿地区的高收入群体。

行业游击战

专注于特定行业也是一种经典的游击战术。例如聚焦计算机行业，这种战略也称为"纵深营销"。

有些计算机公司正在选择一种行业（如广告业、银行业、商业印刷业），然后设计一整套计算机系统以解决仅在所选行业出现的问题，这些系统有时包括特定硬件和软件。

加利福尼亚州森尼韦尔市的特奥德系统

公司（Triod Systems）针对汽车零件批发商的复杂库存问题设计出一套计算机系统（一个典型的批发商通常库存有2万个零件，然后以库存提供卖方信贷）。现如今，特奥德系统公司年收入超过1亿美元，对于游击队来说算是相当大的销售额。

行业游击战获得成功的关键是窄且深，而非宽且浅。当一家行业游击战的公司开始针对其他行业开发各种系统时，未来肯定会面临诸多麻烦。

产品游击战

许多游击队利用单一产品专注于小规模市场，以此盈利。这样，其销售额不会太大，不会吸引强大竞争对手对此类产品产生兴趣。

例如，过去10年间，美国汽车公司每年仅售出10万多辆吉普。而同一时期，通用汽车公司的雪佛兰各车型销量相当于吉普的18倍。因此，通用汽车完全没必要为了每年多销售3万~4万辆车而推出吉普车系列产品。

遗憾的是，美国汽车公司的军事思想完全不及通用敏锐。美国汽车公司把吉普赚到的钱全部投入到为与雪佛兰竞争而开发的Alliances、Encores等车型上。

"鹰"牌客车（Eagle）是美国汽车公司最成功的乘用车型，它把轿车车身安装在类似于吉普的传动系统上。换言之，该产品利用了吉普的优势。

天腾电脑是用单一产品发动游击战的典范。天腾公司开发容错计算机，用于联机交易处理，并将其称为 NonStop（不停止）系统。这种计算机配有双处理器，一个处理器发生故障时，另一个将继续运行。

高价游击战

当今社会，产品琳琅满目，大量游击队生存于高端市场，如斯坦威钢琴公司（Steinway）、君皇手表（Concord）和 Cuisinart 食品加工器公司。

标价 250 美元的 Cuisinart 食品加工器是一款典型高价商品，能创造出巨大的销量。它的价格比通用电气、Sunbeam 和 Waring 等成熟公司的同类产品高出 4 倍，然而，其附加性能和小配件证明其物有所值。

许多潜在游击队在打入高端市场方面总是犹豫不决，没能果断进入市场。其担心新推出的品牌没有神奇性，不足以支撑其昂贵的价格。

TANDEM
NonStop Computing Systems

1997 年，康柏电脑（Compaq）以 30 亿美元的价格收购天腾电脑（Tandem），而天腾电脑此前业绩一直表现良好，其 1996 年的收入达 19 亿美元。

即使像手机一样普通的产品也能成为高价游击队的主要目标。摩托罗拉推出的 Razr V3 手机，标价 450 美元。自 2004 年推出以来，摩托罗拉已售出 100 多万台这款超薄手机。

因此，这些公司做出妥协，推出价格相对较低的产品，有时还通过降低质量或减少特色来达成这一目标。结果，新产品根本无法创造神奇性，也无法实现预设的销量。

症结在于，它们颠倒了因果关系。神奇性并非创造高需求和高销量的原因，高价位和高品质才会创造这种效果（神奇性），从而引发需求。

在销售渠道中，高价位能创造"关注度"。消费者会说，"看，那款产品价位怎么那么高"，然后才会询问原因。你看，机会来了。现在你可以告诉潜在客户，它为什么配得上高价。

但是，你必须是"第一个"。你必须第一个占领高价位阵地，否则你就要有无限资源，这是游击队几乎无法企及的。食品加工器之前从未有人卖过 250 美元，Cuisinart 食品加工器公司是第一家。

要想以高价位发动游击战，必须要有信心和勇气，要对创新产品的前景充满信心，要勇于推出毫无名气的产品。

潜在高价游击队往往还会在品牌名上做妥协。既然要卖高价，其认为需要以既有成熟品牌名为保障。

显然，这又落入"品牌延伸陷阱"，它是

第 10 章 游击战原则

公司成功路上永远的绊脚石,一个品牌无法支撑两个不同的战略。

高端市场机会众多,但售价 10 万美元的跑车或 1 万美元的手表不在此列,真正的机会蕴藏于高价的日用品中。

有多少人买得起法拉利?没什么人。但是谁买得起 5 美元一磅的盐(正常价格的 20 倍)?几乎所有人!

其中,诀窍不是给盐定价 5 美元一磅,而是要给产品加入新特色,使其物有所值(这就是奥威尔·雷登贝克高价爆米花的成功之道)。

谁会花费 3 美元以上购买一杯咖啡?答案是:数以百万计的美国人。总是有细分市场中意品质上佳的产品,也乐于为它们掏腰包。

建立联盟

建立联盟是许多行业常用的一种战略,特别是主要竞争者是大量地方游击队。特许专营就是一个典型模式,它以统一的品牌建立全国性连锁网络,但是所有权和控制权属于地方。此种战略有两种实现方式,即自上而下和自下而上。

自上而下方式是,品牌制定整套解决方案,然后提供给当地经销商经营。麦当劳、必胜客、假日旅馆和可口可乐都是该模式的典型代表。换言之,你先有一个概念,然后招募一批游击队将其实现。

"世界领先旅馆"不断发展壮大。时至今日，其在全球拥有420家酒店。

自下而上方式更具创新性，此种模式往往能够带来令人意想不到的巨大成功，而且需要的启动资金较少。

一个典型的例子，就是21世纪不动产公司。公司招募现有的房地产经纪中介加入它的全国性网络，以交流信息。21世纪是个很好的构思，因为售房和购房常常都涉及从一个房地产经纪中介的辖区跨入另一个中介的辖区。

"世界领先旅馆"（Leading Hotels of the World），是由195家豪华旅馆自愿组成的集团，也是自下而上方式的另一个成功例子。由北美582家汽车旅馆组成的联营集团"高质旅店"（Quality Inns）也是如此。

在建立联盟时，你要问自己一个关键的问题："竞争对手是谁？"有时你的对手是你的近邻，有时不是。

隔街相望的两家汽车旅馆可能就是劲敌，其中一家旅馆就有充足的理由加入像"高质旅店"这样的连锁旅馆。还有一种情况，假如两家旅馆位于加勒比海的一个岛上，而竞争对手来自几百英里之遥的另一个岛屿，那么，这两家旅馆就会联手，在同竞争者的较量中，提高它们所在岛屿的价值。

我们看到，现在商业结盟越来越多了，

说明企业在界定真正的竞争对手方面，变得越来越有经验。商战原则并不会导致企业之间日趋敌对，有时正好相反，我们希望见到更多的联盟，比如产品联盟、地区联盟、消费群体联盟等。

兵力原则将会促使各个游击队联合起来，以求自保，再图发展。

一般而言，每100家企业应有1家打防御战，2家打进攻战，3家打侧翼战。

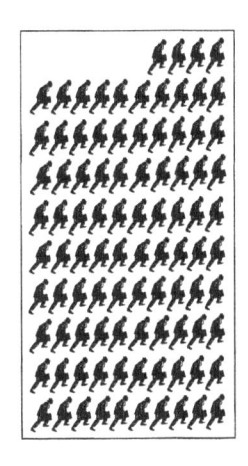

无处不在的游击战

美国的500万家企业中，大部分都应该采取游击战略。大公司可能占据新闻版面，然而小公司却控制着地形。

以食品业为例。大企业为数不多，有卡夫（Kraft）、亨氏（Heinz）和好时（Hershey）。但是，卡夫是生产奶酪的660家企业中唯一的大公司，亨氏是生产袋装泡菜的380家公司中唯一的大公司，而好时公司也在另外864家糖果公司中位居第一。

大多数公司都应该发起游击战。一般来说，在每100家企业中，只有1家应该打防御战，2家打进攻战，3家打侧翼战，剩下的94家都应打游击战。

显而易见，美国数百万家企业中大部分都应展开游击战。平均来讲，每100家企业中有94家是游击队。游击队能长时间保持成功，只有当它们表现得像大企业时，才会陷入困境。

历史案例为实证科学提供了最好的例证,尤其适用于战争艺术。

——卡尔·冯·克劳塞维茨

第 11 章

可乐战

几乎在所有行业和领域，战争已成为一种通用比喻，其中包括可乐。

要研究战争，就必须研究历史，克劳塞维茨和其他军事家都反复阐述了这一点。然而，商业人士却很少花时间去研究商业史。他们总是忙着对付眼前的事情，他们只想到要让他们的产品跟得上最新的潮流。

此外，商业史也常把重点放在结果上而不是原因上。在商业竞争缺少系统理论的情况下，也许这样已经算是做到最好了。

检验商战原则正确性的方法之一，是研究某一行业的历史，然后按照这些原则分析其中的竞争行为，我们已经对4种不同行业进行了分析。本章分析的是可乐之战，探讨位于亚特兰大的可口可乐公司和位于纽约普彻斯的百事可乐公司历时几十载的激烈战斗。

可卡因和咖啡因

可口可乐（Coca-Cola）是有着百年历史的软饮料。然而，其创建之初却是一种药品。它是由一位叫约翰·史蒂斯·潘伯顿的人发明的，此人是一位药剂师，同时也是过去南部邦联的一位官员。可口可乐推出之时，是作为一种外来的专利药品，它的成分中包括古柯叶中提炼出来的可卡因，还有可乐果中的咖啡因。

玻利维亚的印第安人非常喜欢在工作时咀嚼古柯叶。因此，一名叫米切尔的医生发明了可口波乐（Coca-Bola），成了可口可乐早期的竞争对手。

在西非当地人中，咀嚼可乐果也产生了同样的效果，一些严格禁食可乐果的派别称其为"地狱之果"。

可口可乐最初作为一种药品，它在早期的广告中称"除了可以治疗精神疾病，严重的头痛症、神经痛、癔症，精神忧郁症，还是一种美味、清爽、提神、令人精力充沛的饮料"。

20世纪之初，可口可乐开始财源滚滚而入。到1902年，可口可乐公司的广告预算达12万美元，成为美国知名度最高的商品。第二年，公司改变古柯叶的提取配方，脱除了

可口可乐早期广告。

可口可乐中的可卡因（70年后可口可乐才脱除咖啡因）。

由于广告的强大攻势和禁酒令的盛行，可口可乐公司迅速腾飞。到1907年，原来的南部邦联994个县里，有825个颁布了禁酒令。可口可乐公司打出的广告是："全国著名无酒精饮料"。北部的权威人士评论说，可口可乐是"南部的圣水"。

1915年，一位来自印第安纳州特雷霍特市的设计师设计出一种容量为6.5盎司㊀的新包装瓶，赋予了可口可乐的独特性。随后的多年里，可口可乐生产出了60亿只这样的绿色瓶子。

新瓶设计得正是时候，随后全国出现了许多效仿者。仅1916年一年，就有153家生产假冒产品的企业被查封，包括菲格可乐（Fig Cola）、可迪可乐（Candy Cola）、可得可乐（Cold Cola）、可奥可乐（Cay-Ola）、纳乐可乐（Koca Nola）等。

在20世纪20年代，可口可乐根本没有真正的对手。可口可乐公司面临的唯一问题是扩大软饮料的消费量。1919年，其消费量为人均2.4加仑㊁，之后缓慢增长到了1929

领导品牌如可口可乐，早期应关注如何增加品类消费。为此，可口可乐于1929年首次提出"享受清爽一刻"（the pause that refreshes）的口号。但在今天，可乐消费量平平甚至略有下降，可口可乐却束手无策。因此，领导品牌需采用更具竞争力的口号，如"正宗货"（人均软饮料消费量自1998年开始下降）。

㊀ 1盎司=0.028 349 5千克。
㊁ 1加仑=0.003 785 4立方米。

年的 3.3 加仑（而现在为人均 40 加仑）。

可口可乐的广告也尽力刺激消费。比如"口渴不分季节"（1922 年），还有"享受清爽一刻"（1929 年），都是很好的例子。

5 分钱，两份货

20 世纪 30 年代的经济萧条使可口可乐的竞争对手，特别是百事可乐和皇冠可乐得以脱颖而出。

原因在于，可口可乐每瓶 6.5 盎司，而百事可乐每瓶 12 盎司，可两者价钱却相同。

百事可乐在 1934 年就想到了这个办法，但直到 1939 年才付诸行动（沃尔特·麦克上任后）。

百事可乐在无线电广播中做了广告，广告模仿了一首传统的英国狩猎歌曲《约翰·皮尔》：

"百事可乐打中了猎物，

足有 12 盎司，真不错。

5 分钱能买两份货，

百事可乐是您的选择。"

这个战略可谓别出心裁，正中目标，特别是对于青少年。对于糖果和可乐，孩子们只求数量，不求质量。

并且，百事可乐的广告预算也并不过分。

可口可乐找到一个两全其美的办法，既能销售 12 盎司罐装可乐，又不损害经典 6 盎司"沙漏"瓶的品牌认知。可口可乐在 12 盎司罐子外面，印上了 6 盎司瓶的图案。

在1939年，可口可乐在广告上花费了1 500万美元，而百事可乐只用了60万美元。

这样就使可口可乐"压力山大"。他们不能增加饮料容量，除非他们愿意把现有10亿只容量为6.5盎司的瓶子都报废。他们也不能降价，因为市场上还有几十万只5分硬币专用的饮料贩卖机。

百事可乐以低价打了一场经典的侧翼战。不仅如此，随着侧翼战的成功，逐步演变成对可口可乐核心优势发起正面进攻战。

进攻战第二条原则是：找到领导者强势中的弱势，并聚而攻之。可口可乐公司亚特兰大总部认为，包装瓶本身就是最大的强势。他们不仅在广告中强调这种包装瓶，甚至还为其注册了商标。雷芒德·洛伊（1893—1986年，法裔美籍工业设计家——译者注）称其为"设计最为完美的包装"。

然而，百事可乐却把可口可乐的这一强势变成了弱势。这种便于手拿、设计完美的6.5盎司包装瓶，无法再增加到12盎司，除非你有与纽约尼克斯队身高达7英尺的中锋队员一样的大手。

第二次世界大战期间，百事可乐超过了皇冠可乐和胡椒博士可乐（Dr. Pepper），成为紧逼可口可乐的第二大可乐饮料。

可口可乐本该采取的战略

防御战第二条原则是：最佳的防御就是勇于自我攻击。可口可乐应该在百事可乐进攻前推出第二品牌自我攻击。而且，为了对抗百事可乐的低价战略，可口可乐推出第二种品牌的最佳时间，应该是在 20 世纪 30 年代经济萧条初期（现在市场上的双倍可乐，用在当初就是个相当不错的品牌名）。

按理说，上述防御战略同吉列公司推出 Trac II 型剃须刀的战略没什么不同，效果也应该完全相同（而现在，吉列公司在剃须刀市场的占有率要比可口可乐在可乐市场的占有率高）。

战后不久，经济形势对百事可乐不利，看起来可口可乐又略胜一筹了。随着糖价和劳动力价格的上涨，百事可乐的价格也随之上升，开始涨到了 6 美分，后来又涨到了 7 美分。广告词也从"5 分钱能买两份货"变成了"两份货，质更优"。

随后，百事可乐把重点从自动售货机和冷饮柜的公众消费，转移到了家庭个人消费上，并以其更大的包装瓶为特色。百事可乐把销售重心放到了超市里，并把新的广告词定位在"大众分享"，他们的努力得到了回报。

Ahhh! Same great taste!

领导品牌应推出第二品牌自我攻击，以封杀竞争。双倍可乐本应是用于阻止百事可乐崛起的第二品牌战略。

20世纪50年代,可口可乐以5∶1的优势领先于百事可乐。到了20世纪60年代,百事可乐把差距缩小了一半。

可口可乐忍受百事可乐更大容积的包装瓶到何时?直到1954年。当时可口可乐的销售额已经下降了3%,而百事可乐却上升了12%。

1955年,可口可乐发动了奇袭,推出了容量分别为10、12和26盎司的包装。以前的存货已慢慢售完,6.5盎司的可口可乐商标逐渐成为历史。

为了对抗百事可乐,可口可乐每年都更换广告词。1956年的广告词是:"可口可乐质量好,口味佳";1957年:"美味的标志";1958年:"可口可乐,口味清凉爽口";1959年:"绝对清爽"。这些广告词的变化,标志着可口可乐公司思维的混乱。

百事新一代

在百事可乐对付可口可乐的"两步走"战略中,大包装是第一步,第二步是百事新一代。

商战中,找到领导者强势中的弱势是进攻战原则的关键所在。可口可乐的强势是什么?可口可乐的强势在于,它是第一家可乐饮料，它在市场上的历史比百事可乐长得多，这种正宗性很显然是可口可乐的强势。不过，它也产生了另外一个不明显的结果。

年长者更愿意喝可口可乐，而年轻人更喜欢百事可乐。并且，大包装更受年轻人青睐。哪个成年人愿意像青少年那样大口痛饮一瓶 12 盎司的饮料呢？

1961 年，此战略第一次在广告中表述为："现在，感觉年轻的人选择百事可乐。"到 1964 年，广告有了飞跃，即经典的"来吧，加入百事新一代。"

百事可乐新战略的目标是把竞争对手定位成"落伍、脱节、过时"。它不仅做到了这一点，还在消费者心理上产生了优势。

百事可乐利用消费者年龄层次打心理战，并且占了上风。可口可乐的消费群体比百事可乐多，而年龄大些的人更愿意喝可口可乐，因此青少年就喝百事可乐以显示他们的反抗性，百事可乐这种战略巧妙地利用了年龄阶梯的差异。可口可乐的低龄消费群体日渐缩小，而百事可乐的低龄消费群体正在诞生且日渐壮大。

百事可乐还有一个明智之举，它运用了音乐。音乐是年轻一代表示他们反抗性的传统方式，而百事可乐就把音乐作为其战略

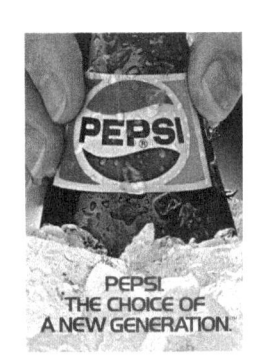

"新一代的选择"是百事多年来一直奉行的年轻化战略（最好表述为"百事新一代"），这是有史以来最出色的商业战略之一，排名第二的品牌需要与领导品牌对着干。本质上讲，百事其实是在告诉年轻人："你们不想喝父母喜欢的可乐，因为你们是百事新一代。"

的一个主要配称。百事可乐高薪聘用迈克尔·杰克逊和莱昂内尔·里奇为其代言，青少年在电视上看到莱昂内尔·里奇的广告，大呼"哇"。而大人们看到后，却很茫然："谁是莱昂内尔·里奇呀？"

现在，百事可乐的口号是："新一代的选择"，这仍然是把目标定在年轻一代的战略，而且是百事可乐用来进攻"老龄化"可口可乐的关键点。

然而，就像许多公司一样，百事可乐总是偏离它的战略。在过去的20年里，百事可乐运用年龄段战略只有1/3的时间，而2/3的时间里，却在发动其他战役。比如，1967年的广告口号"品尝一下与众不同的百事可乐吧"，1969年的"您所需要的，就是百事可乐给予的"，还有1983年语气温和的"百事可乐，现在就买吧"。

对于消费品而言，广告是品牌最重要的传播工具，每年改变战略方向实为下策。除非你要从一种商战模式转换到另一种商战模式，否则，一定不要轻易改变战略方向。

当然了，从战术上讲，语言、画面、音乐都可以根据需要频繁更换。但是，战略绝对不可以改变。

百事可乐的战略总体上仍然在削弱可口

可乐的领导地位，两者销售额对比已从 1960 年的 2.5∶1 变为 1985 年的 1.15∶1。

可口可乐的反攻

多年以来，可口可乐没有推出大包装产品，丧失了阻击百事可乐的机会。其实，"5 分钱能买两份货"的战略使百事可乐获得成功，用在可口可乐身上同样奏效。

百事可乐在销售"百事可乐"品牌的时候，可口可乐的销售重点却是产品，"享受清爽一刻"就是个典型的例子，"喝可口可乐，万事顺心"也是一个例子。

但在 1970 年，可口可乐终于找到了作为领导者的最佳防御战略，即它拥有的领导地位本身就是最佳战略。

"正宗货"，可口可乐这一广告词暗示其他可乐都只是在仿冒可口可乐。本来就是，此言不假。

同时，"正宗货"的战略还利用了可口可乐的秘密配方"货品 7X"做公关。从潘伯顿医生的时代说起，知道"货品 7X"的人屈指可数，等等，这种公关极大地激发了可口可乐消费者的想象力。但是，"正宗货"的广告持续时间并不长。在 1975 年变成了"看啊，

作为有史以来最有效的广告之一，"正宗货"由可口可乐公司于 1970 年首次提出，自那时起便隔段时间出现一次。

美国"；1976 年："可口可乐为生活添姿加彩"；1979 年："可口可乐，喝出好心情"。

到了 1982 年，可口可乐的口号乏味到了极点："就是它，可口可乐。"

尽管可口可乐多年前就抛弃了"正宗货"战略，但它无法消除人们心智中的认知。你可以试着问问人们什么是"正宗货"，多数人都会说是可口可乐。你再问问他们，"它是什么？"看看有几个人能说出"就是它，可口可乐"。

如果媒体注意到你的广告主题时，你就知道你的广告一定是对路的。无论何时，报纸或杂志编辑只要有机会，总会用"正宗货"指代可口可乐。不出所料，可口可乐的最近一本著作，书名就是《正宗货》。既然如此，可口可乐公司为何不在广告中使用"正宗货"这句口号呢（提示：它不够创新；换言之，它毫无新意）？

皇冠可乐：太小了，太晚了

皇冠可乐是排名第三的可乐饮料。1969 年，皇冠可乐想在可乐市场重新发力，于是委托韦尔斯、里奇、格林等大牌广告代理商发动了大规模广告攻势。

玛丽·韦尔斯说："我们要全力出击，剿灭可口可乐和百事可乐。我希望你们能谅解我的措辞，因为我们确实要掐住敌人的咽喉了。"

别提皇冠可乐的广告了，那根本就不算一回事。与可口可乐和百事可乐这两大品牌正面交锋，皇冠可乐根本就没有获胜的希望（当时，仅百事可乐的销售量就是皇冠可乐的 4 倍，现在是 10 倍）。

皇冠可乐的鼎盛时期是在20世纪30年代。那时，它的销售量超过了百事可乐，那正是皇冠可乐出击的最佳时机。而到了1969年，旧事再重提，可惜太小了，太晚了。

年复一年，皇冠可乐在可乐市场的占有率日趋下降，被前两大品牌远远抛在后面，市场占有率第三的品牌能做些什么呢？

答案就是，改变它的作战形式和战略。皇冠可乐合理的选择是打游击战，游击战第一条原则就是：找到一块小得足以守得住的阵地。

皇冠可乐可以找一个地方，建立地理优势。可以是在南方，因为皇冠可乐最强大的势力在那里。如果他们要利用有限的资源打一场全国性战役，最终只能是被可口可乐和百事可乐打败。现在软饮料越来越多，迟早货架上会没有排名第三可乐的位置。

实际上，皇冠可乐在20世纪60年代初还有另外一条路可选。

皇冠可乐曾通过100万次口味测试证明，其口感优于经典可口可乐（57%∶43%）和百事可乐（53%∶47%），但这无济于事。单凭口感更好，产品无法取胜；你必须确定一个更吸引人的名字和更有效的战略，去创建差异化的认知，从而胜出。

健怡可乐之战

20世纪60年代初，皇冠可乐发起猛烈的侧翼战，推出健怡皇冠可乐（Diet Rite Cola）。此举出其不意，令竞争对手大为惊叹。直到3

年后，可口可乐才推出泰波可口可乐（Tab），百事可乐推出健怡百事可乐（Diet Pepsi）予以反击（diet即"健康饮食"，现音译为"健怡"，为低糖饮料。——译者注）

20世纪60年代末，健怡皇冠可乐的销售量已在健怡软饮料中名列第一，仅这一款产品就为皇冠可乐贡献了几乎一半的销售额。

侧翼战第三条原则是：追击与进攻同等重要。健怡皇冠可乐大胆的侧翼进攻大获全胜，让可口可乐和百事可乐花掉了3年时间进行反攻。皇冠可乐足以利用这段时间做出抉择：是应该全线出击，推出多品种的可乐呢，还是应该把精力集中于获胜的产品上呢？

皇冠可乐应该怎样对待健怡产品呢？美国汽车公司又应该如何面对其吉普车和客车呢？对于这些基本的战略抉择，美国企业管理层似乎从未给过答案。他们总愿意让市场来做出决定。因此，他们企图开辟两个阵地，其结局就可想而知了。

健怡皇冠可乐在市场上逐渐销声匿迹。这一品牌曾一度占领市场，而现在，它只有4%的市场份额，仅健怡可口可乐的销售就是它的14倍。

这场战斗本身并不公平。可口可乐和百事可乐以其丰厚的利润做后盾，支援自己的

diet RITE

放弃皇冠可乐，并将所有资源投入到优势品牌健怡可乐上，本可以成为绝佳的商业战略。但事实证明，健怡这一通用名称使其成为一个相对较弱的品牌。如能取一个更响亮的名字，这款产品必将获得更大的成功（"皇冠"也是一个弱到爆的名字，听起来像是一种汽油）。

健怡可乐。而皇冠可乐是用它自己健怡可乐的利润,支援它对可口可乐和百事可乐主打产品发动的徒劳进攻。

克劳塞维茨说过,"要集中兵力"。健怡皇冠可乐又一次证明了这条核心军事思想的重要性。

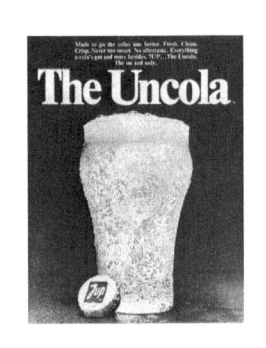

七喜唯一一个提升销量的广告就是"非可乐",企业绝不应该放弃这个口号。

非可乐饮料的侧翼战

还有一家公司很早就加入了可乐大战,这就是七喜公司(Seven-Up)。1968年,这家公司定位在柠檬汽水这种非可乐产品上。这个战略的目标是,以七喜汽水取代可口可乐和百事可乐,七喜汽水的销售在头一年就上升了15%。

这个战略几乎可以攻破任何强大的市场阵地。事实上,市场地位越强,或者市场份额越多,形成替代产品的机会就越大,茶也是因此成了咖啡的替代品,宝马汽车也是奔驰车的替代品。同理,七喜汽水也是可口可乐和百事可乐的替代产品。

非可乐之战爆发10年后,菲利普·莫里斯公司(Philip Morris)以5.2亿美元这一史无前例的价格收购了七喜公司。这意味着,每一"喜"就价值7 400万美元。

消费者并不傻。当他们看到类似于"美国看好七喜汽水"等广告时，他们觉得这很可笑，因为七喜并不被美国看好。

菲利普·莫里斯公司的万宝路牌香烟和米勒莱特啤酒刚刚在市场上大获全胜，公司决定把同样的战略应用于七喜汽水。公司把七喜汽水的预算翻了一番，增加到了4 000万美元，发动了一场我们称之为"张扬雄心"的战役。

它打出的广告词是，"美国看好七喜汽水"。然而，七喜汽水的实际销售情况却跟广告唱了反调。那年，七喜汽水是软饮料业10强中唯一一家销量下滑的，它在软饮料市场中的份额下降了10%。

那时，七喜汽水的战略除了在广告中声称美国正在"看好七喜汽水"外，还在广告中加入了歌舞成分，却正好撞在了可乐类饮料的最强点上。在广告中，没有比可口可乐和百事可乐唱得和跳得更精彩的了（还记得"我想给世界买瓶可口可乐"的广告歌词吗？这句广告词甚至还打入了自动点唱机中）。

若从军事角度看这个问题，就很容易看清七喜汽水滞销以及"看好七喜汽水"战略失败的原因。七喜汽水建立了替代产品的市场地位，也因此把生意从姜汁汽水、根汁汽水、橙汁，以及其他的可乐替代产品那里夺走。

现在是时候转向进攻战了，要想让可口可乐和百事可乐的消费者把目光转向非可乐饮品,就要提供充分的理由。进攻战第一条原则是:领导者的强势地位是主要的考虑因素。

可乐类饮料的强势是什么呢?肯定是它的口味,即可乐果的味道。

进攻战第二条原则是:找到领导者强势中的弱势,并聚而攻之。可乐饮料的弱势是什么呢?也是它的口味,可乐果。

可口可乐罐上赫然印着如下配料:碳酸水、白砂糖、焦糖色、磷酸、天然香料和咖啡因。

咖啡因?当然了,所有可乐饮料都含有咖啡因,因为可乐果中有这种成分。遵照联邦政府法规,可口可乐中要是不含咖啡因,就不属于可乐饮料。

那么,哪些人喜欢喝软饮料呢?当然是孩子们。这个过程是分两步完成的:父母去超市买回一堆饮料放在冰箱,孩子们就堆在冰箱前拿饮料。

具有讽刺意味的是,美国食品和药物管理局规定了可乐类饮料中要含有咖啡因(食品和药物管理局得知可乐果的生产过程已失去天然成分的咖啡因时,所做出的决定)。因此,可口可乐公司只好从通用食品公司等处购买咖啡因。父母们给孩子喝可口可乐,就等于给他们喝从"Sanka"中提取出来的咖啡因（Sanka 是一种不含咖啡因的咖啡品牌——译者注）。

我们来看一下字典里对咖啡因的解释："一种味苦、结晶体的生物碱，多含在咖啡、茶叶和可乐果中，是一种心脏和中枢神经系统的兴奋剂。"

父母才不想让孩子们兴奋起来呢，他们只想让孩子们安静下来，因为他们已经够闹的了（如果霍夫曼－拉洛克公司能推出儿童安定药，一定会很畅销）。早在 1980 年，我们就向七喜公司推荐过"不含咖啡因"的战略。推荐的电视广告样板如下："您不会给孩子喝咖啡，那么，您为什么给他们喝同样含有咖啡因的可乐呢？让您的孩子喝非可乐饮料吧，喝不含咖啡因的软饮料，七喜汽水是您明智的选择。"

我们将这一建议上呈到七喜公司后，公司一位销售副总断然拒绝，说："我们绝不会用这种方式推销产品。"

可是，结论下得太早。还没过多长时间，他们便开始丧失市场份额。因此，1982 年年初，七喜公司出台了"不含咖啡因"战略。新款七喜汽水包装罐上写道："绝不含咖啡因，永远不会。"

然而，七喜公司却接连犯了两个战略性错误。首先，他们同时又推出了名为"莱克"（Like）的不含咖啡因可乐。如此一来，不但分散了兵力，还让消费者产生了疑惑。其次，他们忘了"非可乐类饮料"这一关键点。仅仅指出可口可乐和百事可乐含有咖啡因，而七喜汽水不含咖啡因是不够的，还必须提醒消费者，七喜汽水是"非可乐类饮料"，是可口可乐和百事可乐的替代品。

不管怎样，不含咖啡因的战略还是让七喜汽水大放光彩，从软饮料市场第4位升到了第3位。

但好景不长，七喜公司的焦点再一次分散。它在"不含咖啡因"战略中又加了一条"不含人工色素"。

不含人工色素？可是那些美味（色彩也多样）的果冻就没有人工色素吗？从蛋糕上的奶油到Kool-Aid，厨师们必须依靠人工色素。

最近，七喜公司又打回到非可乐大战中。区区几年时间内，七喜公司采取了3种不同的战略。商战的目标是给敌人制造混乱，而不是给自己添麻烦，七喜公司败北之时指日可待了。

本书出版后，七喜改变战略方向并推出含有咖啡因的7-Up Plus，然后推出无咖啡因的果汁型饮料Mixed Berry 7-Up Plus。结果不出所料，七喜产品销量持续下滑。

可乐饮料中的混乱和困惑

事实上,"不含咖啡因"的战斗就是一场侧翼战。它在可口可乐和百事可乐的阵营中制造了混乱和困惑。

《华尔街日报》曾报道:"七喜公司关于咖啡因的广告在饮料业中掀起轩然大波。"在一次正式谈话中,百事可乐把七喜公司"不含咖啡因"的广告称为"对公众的伤害,因为它通过恐吓手段,使毫无根据的健康隐患深入人心"。百事可乐生产商称,"完全可以肯定"咖啡因对健康并无威胁。

然而,我想从普彻斯来的那位女士的抗议太强烈了。因此,不出 6 个月,百事可乐就在普通健怡品牌下推出了 Pepsi Free(不含咖啡因的百事可乐——译者注)。

可口可乐、皇冠可乐和胡椒博士可乐等其他饮料品牌也纷纷效仿,甚至连桑奇斯特(Sunkist)都去掉了咖啡因(橘子汽水中的咖啡因又将如何处理呢)。

竞争对手都开始对咖啡因敏感了。雪碧、加拿大干姜汁汽水等从一开始就不含咖啡因的品牌,都开始声称自己不含咖啡因了。

我们还要提一下"RC100"可乐,贯穿整个可乐战的"RC100"小得微不足道。可是,

RC 100 是有史以来第一款不含咖啡因的可乐,但由于名字太糟糕,该产品一直默默无闻。新产品需配以全新的名字。

它却是第一款脱去咖啡因的可乐饮料。它在1980年由皇冠可乐推出,而后销量迅速飞升。然而,它重蹈了健怡皇冠可乐的覆辙,被可口可乐和百事可乐的含咖啡因饮料扼杀了。仅仅成为"第一"是不够的,你还得是"第一个全力出击"的。

第二轮产品扩张之战

1982年,在纽约的广播城音乐大厅,又一轮商战打响了。这回,可口可乐推出了健怡可口可乐(Diet Coke)。这是可口可乐自1886年创始以来以"可口可乐"命名的第一款产品。

这个产品刚一上市就旗开得胜,情势前所未闻。为此,《纽约时报》评论道:"假如在商业中有什么产品万无一失的话,看来就是健怡可口可乐了。"

《华尔街日报》预言道:"健怡可口可乐极有可能成为可口可乐公司历史上第二受欢迎的软饮料。"

Jesse Meyers' Beverage Digest 的编辑称其为"在最短时间内最畅销的软饮料"。

就算是可口可乐亚特兰大总部提到自己的新产品时,也毫不谦虚,大肆夸耀新产品

我们认为,如果从未推出健怡可乐,而是将资源集中到主打健怡品牌泰波上,可口可乐今天不至于如此狼狈。健怡可乐推出之前,泰波曾是健怡可乐的市场领导者,销量比健怡百事高出32%。

取得的成绩。

美国可口可乐公司总裁布赖恩 G. 戴森说："在可口可乐公司 96 年历史中，健怡可口可乐是最重要的新产品，也将是 20 世纪 80 年代软饮料行业的重要事件。"

在这一片赞誉声中，你必须得有些勇气才能指出，可口可乐正在阻断自己的财路。从长远来看，可口可乐就是这么做的。

诚然，健怡可口可乐短期内获得了巨大成功（健怡皇冠可乐和"RC 100"也是如此）。看起来，在可口可乐和百事可乐之后，健怡可口可乐稳居第三。但是，它却为此付出了代价。

第一个代价是泰波可口可乐。健怡可口可乐推出的同年，泰波可口可乐在软饮料市场上占有 4.3% 的份额。之后，健怡可口可乐销量迅速攀升，而泰波可口可乐节节败退。到 1984 年，泰波可口可乐仅以 1.8% 的市场份额勉强支撑。

因此，可口可乐开始亡羊补牢，解雇了泰波可口可乐的广告代理商，对广告做了改动。泰波可口可乐还有转机吗？不会了，为时已晚，除非可口可乐公司能撤回健怡可口可乐。

第二个代价就是可口可乐本身。健怡

可口可乐推出的同年，可口可乐市场份额为23.9%，1984年却下降至21.7%。

情况就是如此。健怡可口可乐的利润几乎被泰波可口可乐和可口可乐本身的损失所抵消。

百事可乐的挑战

百事可乐在20世纪70年代出台的另一项战略值得商榷，这次行动被命名为"百事可乐的挑战"。百事可乐做了一次试验，受试者被蒙住眼睛，辨别两种可乐饮料。结果，他们当中喜欢百事可乐和喜欢可口可乐的比率为3:2，试验结果最后在电视广告中被大肆宣扬。

这种战略好吗？也许吧，因为它利用了竞争对手产品的弱点。由于百事可乐味道比可口可乐甜9%，第一口感对百事可乐有利（百事可乐的这一特点也支撑着它的"百事新一代"战略，对一个12岁的青少年来说，味道越甜越好）。

但是，这个战略开辟了第二战场，对百事可乐的主战场来说是不利的，位于市场第二位的品牌承受不了两场战役。进攻战第三条原则：尽可能在狭长地带发起攻击。

百事可乐的挑战
百事新一代

百事可乐在两个极为出色的战略之间摇摆不定。如能选择并坚持执行其中一项战略，百事将会获得更大的成功。

每个行业都有各自的特点，但人们对饮料总是喜欢"老"品牌。作为世界上最古老的饮料，咖啡和茶的持续成功印证了这一点。对于葡萄酒、白酒以及所有饮料而言，年份久者往往优于年份短者，就像"新可乐"。"历经131年的发展，共有7代产品问世，始终采用1种配方"是杰克·丹尼威士忌对自己的定位。杰克·丹尼现已成为全球销量最高的七大白酒品牌之一。

喜欢新可乐	55%
喜欢老可乐	19%
无所谓	26%

口味盲测表明，消费者对新可乐和老可乐的喜爱比例为3∶1。

幸运的是，可口可乐却做出了作为领导者不应该做的事。在抗击百事可乐的挑战数年后，可口可乐突然公开改变配方，准备赶超百事可乐的甜味。

现在，"正宗货"不再正宗了。仅此一举，可口可乐就削弱了自己的地位。

问题并不在于是否改变配方，而在于是否把这种变化公开。多数公司都像可口可乐公司一样，时常对配料做一些小的改动，最显著的是以高果糖玉米糖浆代替蔗糖。

对许多公司而言，产品"更新换代"是市场生存之道。

可口可乐的与众不同之处在于其"正宗货"的地位。在这个变幻莫测的世界上，可口可乐的口味是个常量，它使消费者确信，自己不会变老。可口可乐包装瓶的撤出已经够糟的了，现在又轮到它的配方了。

"正宗货"的回归

"新可口可乐"推出不到3个月，遍体鳞伤的可口可乐亚特兰大总部终于认输了。他们宣布，"正宗货"会以一个新的名称回归，即"经典"可口可乐。

"正宗货"的回归宣告了"新可口可乐"

的破产。可以预见,"新可口可乐"很快就会消亡。

认知总比事实更强大。"新可口可乐"的口味的确比传统可乐好,可消费者却自有想法。毕竟,原有的可口可乐才是正宗的,难道还有什么能比正宗货更好的吗?

认知能影响人的判断力,也能影响人的口味。心智就是战场,心智中没有"事实"这一说,只有认知,而认知就是事实。

如果你想跟消费者心智中的认知作对,你必输无疑。"施乐"这个品牌在消费者的心智中就是一台复印机,因此你绝不可能成功地推销"施乐"计算机。

"大众"汽车意味着小型、耐久、可靠的轿车。因此,大众汽车的大型昂贵轿车销路不可能看好,直至这些大型昂贵轿车被冠名"奥迪"后才销路畅通。

可口可乐改变配方,就意味着对抗消费者心智中"正宗货"的认知。后来又把配方公开改回去,就等于承认了它犯的错误。这样,可口可乐把自己在消费者心智中的地位削弱了。

这也是历史上头一次:可口可乐的领导者地位摇摇欲坠。百事可乐近年来将有最佳机会站上可乐市场的顶峰。

喜欢新可乐	13%
喜欢老可乐	59%
无所谓	28%

然而,当消费者知道喝的是什么品牌时,结果就恰恰相反。此时,喜欢老可乐者与喜欢新可乐者的比例为 4∶1。不管是可乐、啤酒还是其他饮料,消费者往往"喝的是品牌"。人们认为高价瓶中的高价酒口感优于低价瓶中的低价酒,即使酒的实际口味并无差别。

咖啡因的挑战

可口可乐在阻击百事可乐的挑战之时，受到了另一个战场的影响。为了顶住七喜汽水"不含咖啡因"的攻击，可口可乐推出了3个无咖啡因的品牌。因此，现在可口可乐拥有8种可乐产品，也制造了一片混乱。这8种产品包括：经典可口可乐（Classic Coke）、新可口可乐（New Coke）、樱桃可口可乐（Cherry Coke）、健怡可口可乐（Diet Coke）、泰波可口可乐（Tab）、无咖啡因新可口可乐（Caffeine-Free New Coke）、无咖啡因健怡可口可乐（Caffeine-Free Diet Coke）和无咖啡因泰波可口可乐（Caffeine-Free Tab）。

显然，可口可乐并没有意识到这些无咖啡因可乐的危险。我们来看一下咖啡的情况。自从无咖啡因可乐畅销以来，咖啡的整体消费水平下降了。

再后来，人们不再喝可口可乐了，因为它含有咖啡因；人们也不再喝不含咖啡因的可口可乐了，因为它不是"正宗货"。

可口可乐配方的改变和不含咖啡因的品牌向亚特兰大总部提出了难题。就算是那些在它困难时期还在支持它的消费者，在购买可口可乐的时候也困难重重。看看下面这段

前有古人，后有来者。大众辉腾（定价66 515～98 215美元）简直就是一场灾难。一位评论家曾说："辉腾共有两个小错误：中网和后备厢上的大众标志。"

当你开始品牌延伸时，事情只会越来越糟。1985年，可口可乐只有8种可乐产品；但现在，可乐却有14种产品，包括名称古怪的零度可口可乐、代糖健怡可乐和可口可乐C2，还有正在考虑中的咖啡味可乐，以及百事可乐早在1996年市场试销时夭折的产品。难怪，可口可乐公司气数衰减啊。

在冷饮店的对话你就知道了。

"给我来一瓶可口可乐。"

"您想要经典可口可乐、新可口可乐、樱桃可口可乐,还是健怡可口可乐呢?"

"给我来一瓶健怡。"

"那您想要普通的健怡呢,还是要不含咖啡因的健怡?"

"真见鬼!给我一瓶七喜得了。"

许多人认为,事半可以功倍。虽说跨越一小步比跨越一大步更容易,但没人会在跨过一条壕沟时,先跨一半,再跨另一半。

——卡尔·冯·克劳塞维茨

第 12 章

啤酒战

1979年5月,许多专家包括本杂志(图片所示杂志)多位编辑都预测米勒将在"啤酒大战"中击溃百威。事实证明他们错了,本章对其中原因进行了剖析。

啤酒商早就开始运用军事思想了。安霍泽公司(Anheuser-Busch)取得胜利的商业战略,都出自位于总部大楼九楼的一间"作战"会议室。会议室的墙上贴着地图,上面标有黑色向上或向下的箭头,标示公司和竞争对手的销售情况。

第二次世界大战以来,安霍泽公司地图上大部分黑色箭头都是向上的。

百威啤酒的突破

战后,啤酒业一度陷入低谷。啤酒的第一品牌是施里茨(Schlitz),它的产地密尔沃基市以此名扬四海。

但是,假如你到过巴黎,密尔沃基市就显得不那么有名了。因此,美国退伍军人和参加过海外战争的老兵都开始尝试其他品牌

第 12 章 啤酒战

了,主要是啤酒之王百威啤酒。

风水轮流转。1951 年和 1952 年,施里茨啤酒处于领先地位,而 1953 年和 1954 年,百威啤酒又占了上风。到了 1955 年和 1956 年,又是施里茨的天下。

这些年正是关键时期,必须全力以赴,因为两个品牌都可能赢,多花几百万美元做广告就有可能锁定胜局。然而在这种情况下,许多公司常常无法理解,一年内就算是很小的利润差异,却意味着巨大的长期优势。

在这种关键时期,对于所提议广告预算的增加,最高管理层总是错误地问:"投资的收益如何?"

其实,他们应该问的是:"我们应该投资多少以确保胜利?"

克劳塞维茨曾指出,战争中胜利和失败的界限有时就在于"战场上胜方和败方在人员伤亡、战俘、炮火损失等方面的微小差异"。

1957 年,百威啤酒重新成为领导者,比施里茨啤酒领先 1.5%,并且再也没有被超越,胜负已分。今天,百威啤酒的销售量是施里茨的 20 倍。

有些业内人士认为,百威啤酒的胜利是因为施里茨的品质低劣。20 世纪 60 年代后期,

百威啤酒成功的秘诀之一在于其品牌名称,百威(特别是其昵称 Bud)发音比施里茨(Schlitz)更加简单。另外,后者其实还有一些负面内涵。密尔沃基的孩子们以前常说,"杯中 Pabst,裤中施里茨"(比喻后者跟尿一样难喝)。

施里茨啤酒的确引起了业内的纷纷议论，因为它开始建造高效啤酒厂，开始削减酿造环节，纯化论者认为这影响了啤酒的口味。

也许事实确实如此，可这是施里茨啤酒丧失领先地位10年之后的事了。商业历史（还有军事史）告诉我们，当对手占据上风时，自己的境地就会越来越坏。富者愈富，穷者愈穷。

喜力啤酒的进攻

同百威啤酒的突破相比，喜力啤酒的胜利几乎没有引起任何伤亡。两者的不同之处在于，百威啤酒的胜利完全以竞争对手施里茨啤酒的失败为代价，而喜力根本就没有竞争对手。

喜力是战后第一个进入美国市场的大品牌进口啤酒，并在市场上轻松找到立足点。这是一种在没有任何防御的情况下发动的侧翼进攻，但是喜力最重要的战略还在后边。

侧翼战第三条原则是：追击与进攻同等重要。最初几年，喜力一直不断投入大笔营销资金，特别是广告费用。年复一年，喜力的投入已经超过了同类进口啤酒。

第一个向喜力发起进攻的大品牌是慕尼

黑的罗万布劳（Lowenbrau）啤酒。罗万布劳啤酒的包装极其引人注目，有蓝色、绿色、银色的包装瓶，它发起的浩大广告战役至今仍为人们津津乐道。

"如果罗万布劳啤酒卖完了……就来一瓶香槟吧。"这个广告很有戏剧性，引人注目，并且过目难忘。但是，对罗万布劳啤酒来说，却全然是错误的。

好广告，却用在不对的品牌上。

把啤酒同香槟相比（从"米勒高品质生活"得来的灵感），更适用于喜力啤酒，因为它拓宽了高价位进口啤酒的市场。

罗万布劳啤酒的问题并不在于市场规模。

市场，它迟早会有的。罗万布劳啤酒的问题在于，如何同喜力啤酒竞争。罗万布劳啤酒应该发动的是进攻战，抢夺领地，在拓展市场前得先抢占这个市场。

进攻战第二条原则是：找到领导者强势中的弱势，并聚而攻之。喜力是进口啤酒，这就是它的强势所在。那么，它是从何处进口的呢？

荷兰，这就是喜力的弱点。荷兰以风车、奶酪和运河而闻名，并非啤酒。

法国的葡萄酒闻名于世，德国的啤酒享誉全球，这在美国消费者的心智中已经根深蒂固了，罗万布劳啤酒（或者其他德国啤酒）完全可以利用这一点攻击喜力啤酒。

进攻战第三条原则：尽可能在狭长地带发起攻击。罗万布劳啤酒应该在广告中这样说："您已经喝过了荷兰最好的啤酒，那么现在就来品尝一下德国最好的啤酒。"别再想啤酒花、麦芽，还有酿酒专家们精心呵护的400年优质历史了，要把精力放到竞争对手身上，找出并利用竞争对手的弱点，在狭窄的战线集中兵力发起进攻。

人们会问，既然最好的啤酒是德国酿造的，为什么市场上第一大进口品牌却来自荷兰？

市场专家会说，这是因为喜力的营销工作做得不错。虽说如此，这却不是真正的原因。

喜力成为进口啤酒第一品牌，占有进口啤酒市场40%的份额，靠的是没有竞争对手。

后来，米勒啤酒公司买下了罗万布劳啤酒商标，开始在美国本土酿造这种啤酒，新罗万布劳啤酒把目标对准了安霍泽公司的米克劳啤酒。

安霍泽公司毫不犹豫，迅速反击，遏制了罗万布劳啤酒的发展，成功地指责罗万布劳啤酒在广告中运用了欺骗手段，因为它以进口啤酒标价，实际上却是在美国国内酿造的。

罗万布劳作为进口啤酒没能抓住"进口酒"这一优势发起进攻，终于在变为国产啤酒时被人拾起自己丢弃的武器向自己开了火。

目前，又有一种德国啤酒开始拾起罗万布劳啤酒丢弃未使用的武器。

它在电视广告中说道："德语中最著名的词……贝克啤酒（Beck）。"但是，贝克牌啤酒却面临着一些困难。

贝克啤酒来晚了，喜力啤酒已经抢占了市场。同施里茨（Schlitz）、帕布斯特（Pabst）、百威（Budweiser）、布士（Busch）、黑尔曼（Heileman）、布拉茨（Blatz）、雪弗（Schaefer）、麦斯特-布劳（Meister-Brau）等德国味十足的名字相比，贝克这个名字的德国味淡多了。所有这些品牌听起来都很有德国味，但却是地地道道的美国酿造。

且不提贝克啤酒的这些弱势，现在它在进口啤酒市场中已经处于第三位，这就是利用领导者弱势的成果。

市场第三离市场第一相差很远，还无法享受到作为领导者胜利的果实。喜力啤酒遥遥领先，销售额是贝克啤酒的5倍。

作为美国领先的啤酒公司，安霍泽公司迟早都要反击喜力的进攻。

百味来意大利面（Barilla pasta）是利用原产地优势对抗市场领导者的典型例子，它以"意大利第一品牌面"的身份进军美国市场。3年后，百味来一举成为美国最畅销的意大利面。面对Ronzoni、Mueller's、Creamette、San Giorgio和American Beauty等强敌，这一成绩已经非常不错了。之前的市场领导者（Ronzoni）是好时食品旗下的品牌，该公司本身就是一个强大的营销机器。此外，百味来价格比竞争对手高出5%～10%。具有讽刺意味的是，百味来虽然是意大利品牌，但其产品却是地地道道的俄亥俄州货。

安霍泽公司的反攻

领导者典型的反应是"我也能"。也就

是说，安霍泽公司可以同一家欧洲啤酒公司（最好是德国）达成协议，进口对方国家的啤酒。这是典型的阻击战略，属于第三条防御战原则。

不幸的是，安霍泽公司准备的时间太长了。直到1963年，它才开始反击喜力啤酒的进攻。

安霍泽公司的行动简单却卓有成效。为了对抗对方作为第一家高价进口啤酒的地位，安霍泽公司推出了第一种高价位美国啤酒，命名为"米克劳"，并配以昂贵的包装瓶（当然了，还有昂贵的价格，而这一配称常常被各家公司忽略，这些公司总想二者兼得）。

米克劳啤酒在广告中称"米克劳具有一流品质"，是乘飞机时的佳饮，是周末休闲的必备饮品（你当然想在周末喝点好的了，不是吗）。

米克劳获得了巨大成功，盈利丰厚。1980年是其高峰期，当年占美国啤酒市场6%的份额，销量不仅超过了喜力啤酒，还是所有进口啤酒销量的2倍。

后来，米克劳却开始走下坡路，这是后话了。

米勒公司的崛起

1970年,菲利普·莫里斯公司收购了米勒啤酒公司,使啤酒业发生了巨大变化。

很难想象,当年米勒公司在啤酒业中位居第7,销量落后于安霍泽、施里茨、帕布斯特、康胜(Coors)、雪弗和福斯塔夫(Falstaff)。

但是,米勒公司拥有两项优势,即菲利普·莫里斯公司的资金,以及清晰且持之以恒的战略。

米勒公司的目标是百威啤酒。像所有领导者一样,这家"啤酒之王"在顾客群和品种上面面俱到。于是,面对全面展开防御的敌人,米勒公司运用了拿破仑最拿手的战略,袭击敌军中部,即啤酒市场的中心环节。

米勒公司的电视广告是:"欢迎来到米勒时间。"米勒时间是为蓝领准备的,同白领的鸡尾酒时间一样。米勒公司暗示,你工作得很努力,当然值得奖励。

非常喜欢喝啤酒的蓝领们做出了响应,但不是很快。米勒公司花了3年时间才使销量上升,而同其他啤酒品牌相比,公司已经为每桶酒投入了将近2倍的广告费。

(这种迟缓的广告反应是诸如啤酒、香烟、

可乐等"个人"产品的典型特点。你在饭店或酒吧里喝啤酒时,并不只是为了解渴,还为了做出评价。在公开做出评价之前,你得先对某种品牌自我感觉良好,这需要时间。)

一旦"蓝领阶层"的观念扎下根,米勒就赶超福斯塔夫、雪弗、康胜、帕布斯特和施里茨,成为全国第二大啤酒品牌。

最后,百威啤酒不得不开始反击了。这家"啤酒之王"的广告是:"您辛苦工作后,百威啤酒竭诚为您服务。"这其实是对米勒公司"工作奖励"广告的改版。

米勒公司针对蓝领战略的成功有点讽刺意味,因为它的初衷是面向上流社会。它的商标标签上写道"米勒高品质生活""啤酒中的香槟"。

高品质生活?没人把这个品牌叫作"高品质生活",人们看商标时,并不会看上面的内容。人们把这个品牌叫作"米勒",这是收音机和电视里说的,"欢迎来到米勒时间",而不是"欢迎来到高品质生活时间"。

把乡村俱乐部里受宠的品牌打入附近酒吧是轻而易举的(去其他市场却困难得多),问题在于名字。商标内容和啤酒消费者需求之间的细微差异,让米勒在随后的岁月陷入迷茫。

莱特啤酒的问世

1975年，米勒啤酒公司推出了莱特啤酒，并打出了广告"包含了您对啤酒全部的期望……只是更少"。

莱特问世是典型的侧翼战。它还引起了其他产品向清淡方向发展的潮流，比如说以葡萄酒代替白酒。并且，它还严格遵守了侧翼战的原则。

第一，无争地带。当时还没有全国性的淡啤品牌，只有一些地区性和游击队的品牌，并且有的淡啤品牌推出后失败了。加布林格啤酒（Gablinger）就是一个遭受惨败的例子（啤酒消费者非常注重品牌，广告可以做得诙谐轻松，莱特牌啤酒的广告就是如此。但是，产品不能这样。对于啤酒来说，加布林格不是个好名字）。

第二，战术奇袭。莱特啤酒完全靠奇袭战胜竞争对手。它没有进行市场测试，也没有在媒体上大肆宣扬。只听得一声枪响，莱特横空出世，并迅速席卷全国。施里茨花了1年时间才做出反应，推出"施里茨淡啤"，而安霍泽公司用了2年才推出了"天然淡啤"。

第三，乘胜追击。无线电波中充斥着莱特啤酒的广告，米勒公司为此在每桶啤酒上

莱特啤酒推出前一天，我们和米勒啤酒公司一名高管同坐一辆出租车。他说："明天请看报纸，我们正按照你们定位文章推荐的方法做呢。"第二天我们看了一下报纸：公司用整版广告宣布有史以来第一款淡啤产品即将推出。这可能是有史以来最有效的产品发布模式，但美中不足的是产品名字。法律上讲，米勒啤酒公司可为莱特（Lite）这一名称申请商标保护，但无法阻止其他啤酒生产商使用淡啤 light 这一通用名称。因此，米勒将产品更名为米勒莱特，以便同其他所有淡啤品牌区别开来；事实证明，这是一个致命错误，因为它损害了其"米勒高品质生活"品牌啤酒。

施里茨淡啤推出之前，企业核心品牌"施里茨"已是美国第三大畅销啤酒。不仅施里茨淡啤的推出是一个错误，品牌延伸还破坏了施里茨这一品牌。

"天然淡啤"是一个糟糕的名字，但它今天仍是美国第五大畅销啤酒品牌，市场占有率为4.2%。为什么？其中一个原因是，它是唯一名字独特的淡啤。换言之，它不是普通啤酒的延伸品牌（阿姆斯特淡啤是唯一一款名字独特的进口淡啤，因此，它成为最畅销的进口淡啤在意料之中。那么，阿姆斯特淡啤品牌持有者喜力公司下一步会怎么做？你猜对了，推出喜力淡啤）。

投入了4倍于行业平均水平的广告费，并且从未退缩。到现在，米勒仍在运用强大的广告攻势继续占领淡啤市场。竞争迫使米勒不断在消费者心智中追击，莱特啤酒推出3年后，市场上的淡啤品牌多达22种。

啤酒业看好淡啤

第一家和莱特啤酒竞争的大啤酒公司是施里茨。施里茨公司全力出击，投入了几乎同米勒公司一样高额的广告费。施里茨公司甚至还花50万美元高薪聘请名人詹姆士·柯本，柯本在电视广告中只说了两个词，但还是有一个多余了。

柯本在广告中说的是"施里茨淡啤"。你看，施里茨开始走上了品牌延伸之路。克劳塞维茨说"集中兵力"，可是美国商人对这位普鲁士将军的话不予理睬。

结果可想而知。施里茨淡啤很快就退居到与安霍泽公司的"天然淡啤"一争上下的地步了。"天然淡啤"是个正经的名字，但也很拗口。为此，安霍泽公司雇用纠错专家诺姆·克罗斯比，让他告诉人们："要一瓶'天然'，别弄错了。"

一个品牌名字要是被人拿来开玩笑的话，

说明这个品牌名字存在弱点（"五十铃是干什么的？""你的老'五十铃'怎么样了？"这是关于这个日本车的两条新闻标题，可想而知，这种日本车在美国前途渺茫）。当然了，"天然"很快就落在了后边。

还有另外一家啤酒公司也值得一提，这家啤酒公司很有在淡啤市场中获胜的潜力。

这就是位于科罗拉多州戈尔登的康胜啤酒公司。它的品牌名称是"康胜"，这种啤酒是世界上最大的啤酒厂用纯净的洛基山泉水酿造的。

康胜是最成功的地区性游击队，其他游击队还有西北部的奥林匹亚、中西部的"老式"黑尔曼、南部诸州和东部的雷音歌德、雪弗和巴伦坦、纽约州的尤蒂卡俱乐部和杰纳西河、匹兹堡的钢铁城。

康胜取得了辉煌的战果。它仅在12个西部州销售，却是其中9个州的市场领导者。

许多名人都是康胜的拥趸，如保罗·纽曼、克林特·伊斯特伍德，还有杰拉尔德·福特。亨利·基辛格每次去加州都要带上几箱康胜啤酒回华盛顿。《纽约时报》称其为"全国最时尚的酿造饮品"。

任何一种啤酒都没有像康胜那样下血本进行广告宣传，《纽约时报》杂志足足四版详细介绍这种产品。

科罗拉多州的 Kool-Aid

康胜早就是一种淡啤（普通康胜啤酒所含热量都比米克劳淡啤少），丹佛（科罗拉多州首府）本地人总是爱开玩笑地说，"给我来一瓶科罗拉多的 Kool-Aid。"

康胜的包装罐上也写着"美国优质淡啤"。

莱特的问世给了康胜一个绝妙的机会，也给了它一个亟待解决的难题。

这个难题就是，全国性知名品牌强大的电视广告攻势对康胜等地区性品牌造成的压力，使得啤酒公司的数量日渐减少。禁酒令撤销后，美国的啤酒公司曾多达 786 家，而今天只剩下 40 家。

纽约曾有 121 家啤酒公司，而今天只剩一家。芝加哥也曾经有 45 家啤酒公司，今天一家都没有了。

1960 年，前 6 名的啤酒公司共占有 37% 的市场份额，而今天占有 92%。

康胜颇感压力巨大，它要成为全国性品牌，还要充分节省做全国品牌的广告费用。莱特的问世创造了这个机会，克劳塞维茨说："在正确的时刻把兵力用于对付正确的敌人，会产生更大的威力。"

随着莱特的成功，康胜可以跟着到达顶

康胜普通啤酒罐上写着"美国优质淡啤"，直到企业推出康胜淡啤。而后，这一产品神奇地消失了。

峰,而后利用莱特强势中的弱势,这也是进攻战的关键性原则。换句话说,康胜有机会从游击战转入进攻战。

对企业来说,最困难的作战行动莫过于改变方向。因为这意味着员工、经销商和批发商的不稳定性,毕竟这些人已经习惯了按部就班的工作安排。在必须改变方向的紧要关头,商战原则可以帮助你解决面临的问题。

康胜严阵以待,随时准备夺取"原创淡啤"的宝座(甚至还有一种更有诗意的表达方式"淡啤开拓者",我们在1978年就向康胜的管理层提过这个建议)。

"开拓者"的说法是利用了康胜的西部传统,位于洛基山的地理资源,甚至还有其创始人及其家人的粗犷个性。

在那个年代,康胜几乎没做过任何广告,淡啤被藏在了"深闺"。这次莱特挑起了战斗,就给了康胜一次完美的机会揭开成功神秘的面纱。

但康胜另有想法,推出了康胜淡啤,这是对市场上其他23种淡啤的一种仿效,推出的理由是"公众并没有把康胜视为淡啤"。问题在于,关于这一点,根本没有人告诉公众(谁会看商标上的内容呢?康胜淡啤的商标上除了"美国优质淡啤"字样,还有"康胜盛

康胜淡啤推出之前,我们曾向康胜管理层提出过建议。我们建议:不要推出淡啤,而是利用米勒莱特啤酒的压倒性成功,将现有康胜品牌定位为原创淡啤,利用西部传统并以"淡啤开拓者"为品牌主题。

宴"），亨利·基辛格甚至可能都不知道"盛宴"是康胜的商标名。

现在，康胜投入两项广告计划，以两个品牌进军全国市场。除了米勒公司，就只有康胜能在一个商标名下推出两个主打品牌。

莱特的弱点

在平面印刷品泛滥的世界，莱特作为低热量啤酒来说是个很不错的名字。不幸的是，我们生活在广播泛滥的世界。

在收音机和电视上，声音比文字更重要。尤其是，啤酒消费者经常光顾的是酒吧，在那里品牌的声音至关重要。

"服务员，给我来杯莱特。"

"是哪种？是'莱特'还是'淡啤'？"[英语中，"莱特"（Lite）与"淡啤"（light）的发音相同——译者注]

"管它呢，是米勒的就行。"

再后来，莱特变得越来越有名，"是米勒的就行"开始指米勒莱特，而不是"米勒高品质生活"。

电视广告中称"米勒公司的莱特啤酒"，却没有起多大作用。啤酒罐的正面根本没有出现"米勒"的字样，而只有"莱特"。罐子侧面才有一个很小的米勒商标,那小字写着很普通的"威斯康星州,密尔沃基米勒啤酒公司"。

一个名字无法支撑两个不同的品牌,米勒迟早会为其莱特的错误付出代价。

事实上,更晚些时候,"米勒高品质生活"付出了代价,而不是"莱特"。莱特推出4年后的1979年,"米勒高品质生活"已经到达巅峰,销售仅比百威啤酒低21%,此后便开始下降。

"高品质生活"的衰败

"米勒高品质生活"开始下滑,最初很慢,后来速度越来越快,逐渐比百威啤酒低32%、40%、49%、59%。最后,1984年比"啤酒之王"低了68%。这就是说,百威啤酒销量已是"米勒高品质生活"的3倍。

"米勒高品质生活"于1983年彻底失败,米勒莱特超过了它;现在,米勒确实是指莱特了,不管是销售点还是去酒吧。

新闻界似乎也被难住了。《纽约时报》在一篇典型的描述"米勒高品质生活"面临困境的报道中称"米勒要解开啤酒之谜",但似乎没有人想到过这两个品牌之间的联系。

从军事角度讲，米勒公司是从侧翼向自己发动了进攻。它的两个产品使用了同一个名字（也许只是偶然），这种侧翼进攻不仅没有削弱百威啤酒的地位，反而削弱了自己的地位。波果（Pogo）说："我们遭遇的敌军不是别人，正是我们自己。"

位于俄亥俄州塔伦顿的全新米勒啤酒厂，投资4.5亿美元，但从未生产过一桶啤酒，成了侧翼进攻自己这一错误的沉默见证。

你要是侧翼进攻自己的话，后果只有两种可能，哪种都不会获胜。

要么就是你成功地从侧翼袭击了自己，像米勒公司一样摧毁了自己的基础品牌；要么保护了基础品牌，却使此次侧翼进攻以失败和高昂的代价告终。

品牌延伸就像玩跷跷板，一个名字不能代表两种不同的产品。就像在跷跷板上，一个上去了，另一个就要下来。

品牌延伸的危害不易察觉，因为其长期结果很显然同短期结果截然相反。

短期内，品牌延伸通常总是成功的，就像米勒莱特一样（还有健怡可口可乐）。但从长期来看，品牌延伸通常都以失败告终。

这种情况就像喝酒一样，从长远看，酒精会使中央神经系统消沉麻痹；而在短时间

"米勒，美国酿造"是试图挽救米勒品牌的大量广告主题之一。然而，大多数啤酒爱好者都会将啤酒与德国酿造联系在一起，这就是美国境内酿造的成功啤酒品牌大多数采用德式名字的原因。

内，酒精就像健怡可口可乐一样，让人感到兴奋愉悦。

然而，米勒公司似乎没有察觉到两个米勒品牌之间的联系。为了挽救"米勒高品质生活"，米勒公司就像一些当事人常做的那样，解雇了它的广告代理商，进行了公开审判，罪名为渎职罪。

新的广告代理商迅速推出了"米勒，美国酿造"。

哪种米勒呢？是米勒莱特还是"米勒高品质生活"？电视广告中没说。广告中演员给人们展示其啤酒罐，可没人去看上面的文字，广告配音也没有说。

米勒公司进退维谷。它不愿意说出"高品质生活"，因为这不适合工薪阶层。有谁愿意挤在吧台前，高叫"给我来瓶'高品质生活'"呢？

米勒公司的行为和后果足以成为前车之鉴。

轻兵旅的冲锋

啤酒企业前仆后继，沿着米勒公司走过的路纷纷倒下。

除施里茨和施里茨淡啤、康胜和康胜淡啤，啤酒巨头们又推出米克劳和米克劳淡啤，诸如此类。

现在，我们来看一下这些向自己发动侧翼进攻勇士们的后果。

施里茨淡啤是淡啤中的第二品牌。按照常理，施里茨拥有巨大的领先优势，事实却不尽然。1976年，即施里茨淡啤推出的当年，仅施里茨啤酒的销量就达2 400万桶。

而今天，施里茨和施里茨淡啤加起来销量还不到300万桶。真是一次绝妙的侧翼进攻，两个品牌都被自己摧毁了。

就算取得暂时成功，长期的结果也不尽然。以康胜淡啤为例，康胜淡啤问世的当年销售了160万桶，并且逐年递增，1984年到了450万桶。目前，康胜淡啤是仅次于米勒莱特的第二大淡啤品牌。

真是棒极了。可是，普通的康胜啤酒呢？其销售一直在下跌，能指望康胜淡啤的侧翼行动给普通康胜啤酒带来什么好处呢？

事实上，康胜啤酒在1976年只有一种品牌，投入200万美元的广告费，占领了12个州，那时它的销量反而更大。而1984年，康胜啤酒在44个州投入3 300万美元的广告费，推出两个品牌，销量反而更小。又是一个断绝自己财路的例子。

米克劳也没有汲取米勒公司的教训。米

康胜淡啤销量上升之际，康胜普通啤酒销量下降之时。现如今，康胜淡啤销量是康胜普通啤酒的4倍。

随后，百威也出现了同样的结果。百威淡啤销量上升，百威普通啤酒销量却在下降。百威淡啤于2001年超过百威普通啤酒，现其销量比后者高37%。

克劳淡啤推出3年后，普通米克劳啤酒销量开始下跌，并逐年递减，结果也是解雇了广告代理商。

次年，米克劳淡啤也开始衰退，停滞不前。这两个品牌4年内相继衰败，很难证明品牌延伸有什么好处，也许反而更糟。

再以百威啤酒和百威淡啤为例。安霍泽公司很幸运，因为相比之下，百威淡啤比较令人失望，迄今为止百威淡啤从未超过"啤酒之王"的10%。安霍泽公司并不是没有努力过，公司每年为百威淡啤投入5 000万美元的广告费，这已经是其基础品牌每桶投入的9倍了。

百威啤酒继续高速增长，销量超过第二品牌（米勒莱特）2.5倍，这还是在遭受百威淡啤侧翼攻击下做出的成绩。

其他啤酒品牌的情况如何呢？没有证据可以表明其他品牌听进去了我们书中关于品牌延伸的意见。恰恰相反，它们仍在继续推出淡啤品牌。

信仰者们在最后审判日聚集在山顶上，等待世界末日的到来，他们不会因次日的到来而动摇信仰。次日的到来只会让他们感到上帝的仁慈之心，带着更强的信仰下山而去。

啤酒滞销时，啤酒公司不会从市场上撤兵，不会怪罪其品牌延伸，啤酒公司只会责

怪产品本身或者广告,这证明了"真相总会大白于天下"的信仰根深蒂固。公司猜测:"总有什么地方出了问题,不是啤酒口味就是广告创意。"

乔治·桑塔亚纳(George Santayana)说:"忘记历史的人注定要重蹈覆辙。"

重兵旅的冲锋

目前,啤酒业正在犯着同样的错误,加速向相反的方向前进。

重兵旅的头一批候选者是"米克劳经典黑啤"和"康胜特级金啤",二者都陷入了经典的"品牌延伸"陷阱中。

特别是康胜,它的头脑更应该清醒一下,第五位的啤酒公司无法支撑两个全国性品牌,更别说三个了。

不出所料,尽管康胜淡啤已是美国第三大畅销啤酒品牌,但康胜特级金牌仍毫无市场。为什么企业人员不能适可而止?我们认为他们肯定是"爱上"了新品牌推出时的刺激感,这正是他们表现自我的好机会。此外,啤酒行业是否真正需要这些品牌延伸产品?过去20年间,人均啤酒消费量已从1980年的24.3加仑下降到今天的21.7加仑。

不要相信战争会没有流血牺牲。如果血腥的战争是一幅恐怖的画面,那么,它会让人更加敬畏战争。

——卡尔·冯·克劳塞维茨

第 13 章
汉堡战

MARKETING
WARFARE

1984年，麦当劳一家就投入了超过2.5亿美元的电视广告费。几乎一天就是68.5万美元，一小时就是2.9万美元，得卖掉多少汉堡才能收回投资啊？

如此庞大的企业是如何起步的呢？故事得从一个咖啡店开始说起。在美国，这种咖啡店在任何乡村和城市都很常见。

通常是夫妇二人，加上一个柜台、六七张桌子，就可以开一个咖啡店了。店里出售食品和饮料，有火腿和鸡蛋、熏肉和生菜三明治，还可以有圣代冰淇淋，当然还有汉堡、吉士汉堡或炸薯条。

每个城市的咖啡店都有自己的特色。费城的特色是吉士肉排汉堡，波士顿是蛤汤，在南方地区是玉米粥。商战使这些竞争者开展游击战，各自严守自己的地盘（游击战第一条原则：找到一块小得足以守得住的阵地）。

走进麦当劳

自雷·克洛克在伊利诺伊州的德斯普雷恩城创办了第一家麦当劳以来,这一行业在短期内得到迅速发展。

克洛克成功地向区域性咖啡店发动了进攻,然后迅速把业务扩展到全国范围。

在那个年代,咖啡店出售几乎所有方便、简易、廉价的食品。从军事角度看,这条战线拉得太长了,也因此很薄弱,克洛克要做出的决定显而易见。他攻击了咖啡店战线的中部区域(咖啡店菜单上最常见的是哪种食品?当然是汉堡和它的近亲吉士汉堡)。

克洛克的汉堡连锁店由此诞生。克洛克根本没有竞争对手(除了那些弱小的咖啡店),再加上他雄心勃勃,很快就把连锁店扩展开来,他甚至以高额利息贷款来完成他的梦想。

早期的迅速扩张为麦当劳的成功奠定了基础,并使麦当劳主导正在发展中的汉堡业成为可能。今天,麦当劳的销售超过了汉堡王、温迪斯和肯德基的总和。

对于麦当劳的成功,市场专家总是说应归功于其公司严格的制度、流程和对卫生的严格要求,以及对经销商在伊利诺伊州艾尔克格罗夫的"麦当劳汉堡包大学"进行严格的

第一家麦当劳获得巨大成功。遗憾的是,潜在竞争对手并没有走上前一探究竟。它们在麦当劳站稳脚跟后,才推出竞争性连锁店。如要阻击竞争对手,你必须及早行动。

麦当劳金色拱门的商标，沿用至今。而汉堡王，花费数百万美元打造其经典"汉堡王"商标的一个斜体字版本。面对麦当劳的压倒性优势，汉堡王应采取何种战略与其竞争呢？靠商标和字体吗？不要在制服上浪费金钱，要把钱花在给你的士兵配备更好的武器上。

培训（每个毕业生都获得'汉堡包学士'学位，并"辅修炸薯条"）。

兵力原则成就了麦当劳的老大地位，而领导者带来丰硕成果。麦当劳是领导者，因为它第一个站上汉堡之巅，并通过迅速扩张而持续领先。

仅仅烤制出更好的汉堡无法成为汉堡业的领导者。但是，就算麦当劳烤制不出更好的汉堡来，也能保持领导者的地位，因为领导者的地位让它有充足的时间改正任何错误。

在70年代，麦当劳在一份机密文件中坦率承认，根据民意测验，"汉堡王的质量被认为比麦当劳高出许多"。

新闻界总是试图寻找市场领导者成功的秘诀，结果造就了很多商界神话。从情感上讲，人们似乎不愿意接受这种解释，即麦当劳的成功归结于它是做汉堡的第一个品牌，并且运用了兵力原则。人们更愿意接受的解释似乎是汉堡包大学立了汗马功劳，或者是罗纳德·麦克唐纳，再或者是电视广告里那些蹦来跳去的演员。

优秀的领导者不会阻止这些想法，而是会进行鼓励。他们知道高昂的士气能创造气势，一支获胜的军队才能再次凯旋。

以饰演巴顿将军的乔治·斯科特的话来

说:"现在,我们拥有世界上最美味的食物、最精良的装备、最高昂的士气和最出色的官兵,我真是同情那帮将要被我们横扫的可怜家伙!"

这是领导艺术,不是战略。领导者对员工说:"没有你,我们一事无成。"

而战略家心里明白:"没你,我们也行。"

企业高管仍在混淆这两种看法,而这对领导者是有利的。领导力和战略的区别总会腐蚀"哈迪斯""汉堡厨师"以及汉堡战中其他游击队的想法。

商业神话制造了错误的幻觉。比如,假如我们能烤制出比汉堡王更好的汉堡,或者提供比麦当劳更优质的服务,我们就能……这种白日梦仍在继续。

汉堡战就像其他商战一样,产品只是承载战略的工具。你不能从"更好"的角度思考问题,只能从差异上进行突破。

汉堡王的战略

汉堡王是第一家用有效战略向麦当劳发起进攻的连锁店。

麦当劳成为美国最大的快餐连锁店后,不再处于进攻态势,而是处在防御位置。打一场进攻战的机会落在了第二位的连锁店身上,它就是汉堡王。

进攻战第二条原则:找到领导者强势中的弱势,并聚而攻之。麦当劳的强项是汉堡,标准统一,服务快速,价格低廉。

麦当劳的广告词一气呵成:"两个纯牛肉饼,独特的芝麻圆面包撒上调料、生菜、干酪、泡菜和洋葱。"(在印刷品广告中,麦当劳还在广告词上加了一个很小的"TM"字样,表示注册商标)

麦当劳强势中的弱势是什么?显然,是麦当劳用来快速提供廉价汉堡的流水线系统。如果你想要点特别的食品,就得等在一条单独的服务线上,等服务员回到制作间,摆弄那套系统。

在20世纪70年代初,汉堡王针对麦当劳的弱点制定出一套战略。汉堡王打出广告:"选择你自己的口味,不用泡菜,不用调料。"总之,你想要什么就有什么。

就像广告中承诺的那样,你在汉堡王点餐时,如果想要点特别的食品,不会感觉自己像被遗弃者一样被另眼相待。

汉堡王的销量证实了其战略的正确性。"选择你自己的口味"成功地在服务和调味品方面将两家连锁店区分开来。注意,麦当劳

从根本上来说,"选择你自己的口味"是将汉堡王与麦当劳区别开来的好战略,但弊大于利。快餐店最不应该降低服务速度,但这却是定制汉堡的软肋。

受到了攻击,因为它无法更换那些精心调配好的系统,也无法跟进汉堡王的承诺。

这是一个极好的进攻战略。问问你自己:防御方能在不削弱自己优势的条件下赶超你吗?

强势通常也是弱势,但是你得找到强势中的漏洞。

麦当劳炸鸡

20世纪70年代,麦当劳增添了鱼肉、烤肉、煎蛋等。这是麦当劳的产品线延伸时期,它寻找各种方法吸引新顾客,提高销售量。

尽管这样做很诱人,但也很危险。战线拉长,中部就会薄弱。另外,如果人们想吃炸鸡,干嘛不去肯德基呢?

麦当劳推出了两大类新产品,即麦香鸡和肉排,结果全部失败。

接着,麦当劳推出的麦乐鸡获得成功,增加了麦当劳的销售额。可是,新的鸡肉产品需要大量的工艺及上百万美元的广告投资。

令人诧异的是,肯德基没有对麦乐鸡做出相应的回击。直到8年后,肯德基才推出自己的炸鸡块。当然了,名字也只是很简单的"鸡块"。

麦当劳一直不断地拓展自己的产品,我们不禁会想,如果没有在菜单中加入后来的这些产品,麦当劳会发生何种情况?庆幸的是,有一家汉堡连锁店始终坚守着麦当劳最初的理念,它就是位于加利福尼亚和西部其他一些州的In-N-Out汉堡。In-N-Out只出售汉堡、炸薯条和饮料,但其门店平均销售额(1 976 990美元)高于麦当劳(1 632 600美元)

防御战第三条原则：强大的进攻必须及时封杀。肯德基浪费了8年时间，在这8年中，它完全可以利用麦当劳的广告把生意夺到自己手里。

推出早餐品种蛋松饼和正餐品种麦乐鸡在战略上是有区别的。

早餐时间是汉堡店的停业时间，对汉堡店来说，几乎所有的早餐供应都是很好的战略。午餐或晚餐品种，如麦乐鸡，则会抢走汉堡连锁店一部分汉堡的销量。因此，为何还要花费上百万美元让顾客点麦乐鸡，而不是"巨无霸"汉堡呢？

不管是麦当劳还是其他连锁店，都没有仔细考虑它们产品的区别。各家都有3种类型的产品：一种是需要做广告的产品，一种是需要销售的产品，还有一种是需要盈利的产品。

只是为了某款产品销售或盈利，甚至大量盈利，而对其大做广告，是一种浪费的行为。

电影院会为它所出售的爆米花做广告吗？当然不会，它只需对所播放的电影做广告，就可以同时在爆米花和饮料上盈利。

汽车经销商以底价为汽车做广告，却不希望以这种方式卖车，因为其真正的利润产生在汽车的传动装置、动力制动器、调幅/调频收音机和其他一些零部件上。

一般来说，一家汉堡连锁店为其汉堡做广告，附带出售炸薯条，并在软饮料上盈利，这就是盈利模式。如果孩子们把你店里 90 美分的可口可乐喝个够，你就几乎能让所有其他产品保本。

很多企业犯的最大错误就是容易混淆什么是销售产品和什么是广告产品。只要顾客到了店里，你向他提供什么食品都无所谓。但是，如果某款产品会削弱你的地位，你却为它做广告，就是个极大的错误。

出售鱼肉三明治是一回事，给鱼肉三明治做广告是另外一回事，尤其是当鱼肉三明治会削弱汉堡的地位时。

麦当劳是以汉堡进攻咖啡店产品战线中部起步的。假如在追逐生意时，麦当劳把自己变成了像咖啡店一样出售所有食品的连锁店，那就太有讽刺性了。

麦当劳扩大了菜单覆盖面，使得今天的麦当劳餐厅实际上演变成为"另一家咖啡店"，这使竞争对手有机会缩窄战线发起攻击。

汉堡王说："我们也是。"

随着 20 世纪 80 年代的来临，汉堡王开始模仿麦当劳。汉堡王的一位高管说："我以前从没有听过这么多关于竞争对手的讨论。麦当劳做的事情，我们也做了；麦当劳没有做

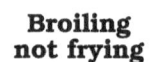

的，我们也不做。"

汉堡王不断推出各种阶段性的三明治，从牛肉意大利干酪到烧牛肉，更别说火腿和奶酪，以及脱骨炸鸡、炸鱼片和牛排了。上面那位高管说："我们迷失了自我。"

加盟商没有被打动。他们不断提醒管理部门，公司的名称是"汉堡王"，而不是"三明治王"。

汉堡王甚至还模仿麦当劳的另一特色，并起名为"魔幻汉堡王"，想吸引孩子们和他们的父母。

到 1982 年，汉堡王的销售增长速度开始放慢，当年税前利润只提高了 8%。相反，麦当劳的净利润上升了 15%。

销售产品是一回事，而实现利润则是另一回事。最后，总公司派了一位来自皮尔斯伯利的专家进行管理，他取消了一部分稀奇古怪的三明治，但最大的改变还是在广告上。

"烤而不炸"是汉堡王发动过的最佳战役。公司本应持续贯彻这一战略，并在销售门店强化这一概念，比如在店招上写明"烤汉堡之家"，而不是"皇堡之家"。

汉堡大战

汉堡王又开始袭击麦当劳产品战线的中部。它运用了经典的进攻战略，即攻击战线拉得过长的领导者固有的弱点。

汉堡王的进攻战略中，有一个广告产生

了绝佳的效果。广告里暗示，同麦当劳相比，汉堡王的汉堡味道更好，因为它的汉堡是烤的，而不是炸的。

"烤而不炸"的广告一打出，立即吸引了公众的注意力，麦当劳的律师也迅速提起控诉。

这对汉堡王来说非常有利。麦当劳反应激烈，把战役都打到了全国3家电视网、10多家电视台和报纸上。

汉堡王销量飞升，利润比前一年上升10%，而麦当劳只有3%。也许数字并不大，但是因为基数大，且在竞争激烈、各项投入庞大的汉堡市场取得如此成绩，已是不易。

虽然汉堡王无法赶上麦当劳的广告预算，但也筹措了1.2亿美元的广告经费。

汉堡王在忙于发动进攻战的同时，另一家连锁店也发起了不同的商业战略。

侧翼进攻麦当劳

肯德基的一位前副总裁创办了温迪斯。直到1969年，温迪斯才建立起老式的汉堡业务。

尽管起步晚，但温迪斯通过侧翼进攻，很快占领了汉堡的成人市场。温迪斯把目光投向成年人，提出在舒适的环境中提供适合成人的食品。在温迪斯，没有给孩子们提供的免费气球和帽子，顾客可以选择自己的口味，比如"没有泡菜，没有调味品，没有孩子"。温迪斯最小的汉堡重1/4磅，呈方形，4个角伸到面包外面。

温迪斯打出的广告是"热而多汁"，使公众开始有了成人汉堡的意识。广告中说，温迪斯的汉堡会让你用掉"许多张餐巾纸"。

你不会让孩子吃这种汉堡，因为后果是你回家后不得不给孩子们换掉弄脏的衣服。

很快，温迪斯的利润几乎达到快餐店平均利润的2倍，紧逼汉堡王（实际上，温迪斯的单位利润率超过了汉堡王）。

随后，温迪斯的电视广告中出现了80多岁的老人克拉拉·佩勒。再没有别的广告词能如此激发公众的想象力了，这句广告词是："牛肉在哪儿？"

"牛肉在哪儿"使温迪斯的销售到1984年增长了26%。这是第一个能流行数年的广告语，连沃尔特·蒙代尔（Walter Mondale）和其他一些名人都会来上一句。

使温迪斯销量上升的更重要的原因是，这句口号表达了温迪斯的战略核心，即适合成人的更大的汉堡。

温迪斯下一步的行动是证明战略决定广

告,而不是广告决定战略。同一作者、同一设计师、同一制片人、同一导演开始制作"部分就是部分"的广告。这个广告打击竞争对手的鸡肉制品采用经过加工的鸡肉(而温迪斯提出供应"百分之百天然脱骨鸡胸")。

温迪斯的鸡肉制品最终还是退出了,麦当劳有此先例。发生什么事了?什么也没有。

温迪斯应该回到牛肉制品,请回克拉拉·佩勒。在侧翼战中,追击同进攻一样重要。

克拉拉·佩勒去世后,温迪斯汉堡逐渐放弃了"牛肉在哪儿"这一经典广告。我们认为这种做法实不可取。经典永传不朽,"钻石恒久远"(1957年),"万宝路的世界"(1951年)和"终极驾驶机器"(1931年)等广告的持续成功便是最好的例证。

低价游击战

如果不提及"白色城堡",汉堡战的论述就是不完整的。"白色城堡"于1921年创建,位于东北和西北地区,拥有170家小型连锁店,经营方式多年来一成不变。

一位顾客说:"现在世界上没什么一成不变的东西了,可是每当我去'白色城堡'时,总能见到我5岁时吃过的那种汉堡……都过了35年了。"

支持者把"白色城堡"的汉堡叫作"时光滑板",其原因不言而喻,能引起怀旧情绪的汉堡自有它的吸引力。

特别值得注意的是,在经济大萧条时期,平均每个白色城堡店每年收入128万美元,

白色城堡一直"屹立不倒",展示了小企业打游击战的威力。如今,白色城堡门店年均销售额竟高达1 308 300美元。

甚至比麦当劳还高。

游击战第二条原则是:无论多么成功,都不能效仿领导者。"白色城堡"没有蛋松饼,没有特大汉堡,没有4种馅的烤土豆,也没有汉堡大学。

销售汉堡的方式很多,只要你的战略得当就行,"白色城堡"也因此能同比它强大的竞争对手和平共处。

> 战争是残酷的，仁慈会酿下最大的苦果。
>
> ——卡尔·冯·克劳塞维茨

第14章
计算机战

计算机业的可口可乐是IBM，这位"蓝色巨人"的防御战略比"红色巨人"（可口可乐）更胜一筹。

IBM总是不断把对手打翻在地。商战的初学者们没有理由对此加以抱怨，因为在IBM没有"仁慈"一说。

"和平共处"也不是IBM的信条。如果有必要，IBM总是毫不犹豫地击垮对手。在你批评IBM的做法之前，先得了解一下计算机战的性质。在IBM历史几个关键战略点上，若不正确用兵，公司将会付出惨重代价。

对待竞争对手，不应给它以喘息之机。要知道放虎归山，后患无穷。

斯佩里·兰德公司对阵IBM公司

1943年，宾夕法尼亚大学的一位老师和

第 14 章 计算机战

研究生研制出世界上第一台电子数字计算机，将其命名为"ENIAC"，即"电子数字积分器与计算器"的简称。

这台 30 吨重的怪物运算速度比最快的模拟机快 1 000 倍。

那位老师名叫约翰 W. 莫奇利，那位研究生叫作 J. 普雷斯波·艾克特。他们把公司出售给了斯佩里·兰德公司之后，又研制了其他计算机，其中包括著名的"UNIVAC"计算机，它于 1950 年研制成功。

1951 年，斯佩里·兰德公司的 Univac 分公司推出了世界上第一台商用计算机（卖给了美国人口普查局）。

几年后，IBM 进军计算机市场，加入了计算机大战。至关重要的是，这场战斗决定了 20 世纪最重要产品发展的控制权。

战争很快结束，两家相对较小的公司，一次短兵相接就决定了未来。双方各有自己的优势，斯佩里·兰德公司拥有技术领先优势，而 IBM 在办公用品市场地位稳固。

双方都有获胜的可能，然而结果取决于初期的艰苦努力和兵力原则的正确运用。

IBM 笑到了最后，取得了领导地位，此后就一直盘踞在那里。商战可不像篮球比赛那样，两支队伍的比分可以交替领先。

UNIVAC vs. IBM

我们错了。这是雷明顿·兰德的 Univac，而非斯佩里·兰德的 Univac。雷明顿·兰德，于 1955 年同斯佩里合并组建斯佩里·兰德。1979 年，公司更名为斯佩里公司。1986 年，斯佩里与宝来公司合并，创建优利系统公司。公司名称的反复更改，势必会削弱品牌力量，也把我们搞糊涂了。

商战更像是军事战斗。克劳塞维茨说过,"战斗过程更倾向于敌我双方态势的缓慢变化,而不是像那些被虚假描述误导的人常设想的那样来回振荡。"

大多数的管理者,都没有机会参加如20世纪50年代IBM和斯佩里·兰德公司之间的奠基之战。如果你真有这种机会,别忘了克劳塞维茨的那句话:"指挥官应在第一场战斗中倾尽全力,并努力以此赢得最终的胜利。"

对优秀的商业领袖来说,他所关注的应该是尽早在战斗中确立优势地位。就像下象棋一样,在开始阶段赢得一个小卒,往往就能保证最后的胜利。

在与斯佩里·兰德公司的战斗获胜后,IBM巩固了战果。虽然不断有其他公司闯入计算机市场,但IBM仍能年年占据该市场60%～70%的份额,人们把计算机业的这种局面称作"白雪公主和七个小矮人"。

20世纪70年代初,其中一个"小矮人"第一次向IBM堡垒发起全力进攻。然而,它非但没有对IBM构成威胁,战斗场面反而像是1854年巴拉克拉瓦战役的重现。

单靠模仿领导者是无法成功的,然而各家公司总是执迷不悟。它们总是先琢磨IBM的打法,然后加以模仿。美国无线电公司

（RCA）甚至雇用了 IBM 前高层主管，来管理自己的计算机业务。

要想打赢，只有与领导者对着干才有机会。要么找出领导者强势中的弱势，要么发动侧翼进攻，要么打游击战，这都必须集中自己的兵力。

美国无线电公司（RCA）和通用电气公司（GE）被"蓝色巨人"的巨浪吞没后，就轮到剩余的 5 个竞争对手了，它们合称"BUNCH"。下一个能对 IBM 造成威胁的是谁呢？显然这几个都不是。

美国数字设备公司（DEC）对阵 IBM：第一回合

正当各大公司绞尽脑汁企图从 IBM 大型计算机生意中分一杯羹时，一家刚刚诞生的小公司却赢得了计算机市场的重大胜利。这就是数字设备公司（DEC），它运用的正是经典的侧翼进攻战略。

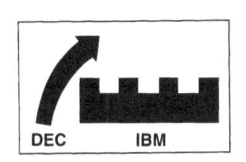

DEC（数字设备公司）在低端市场向 IBM 发起侧翼攻击。

IBM 生产大型计算机，DEC 就生产小型计算机；IBM 面向最终用户，而 DEC 面向 OEM（原始设备制造商）；IBM 提供软件，而 DEC 则假装不知道计算机软件为何物。

这正是大众汽车和其他一些企业所运用

的侧翼进攻战略。

1965年，DEC推出PDP-8，这是其小型计算机系列的第一款机型，这些小型计算机产品后来在科学研究、教育、工业控制和医疗领域得到广泛应用。

随后，IBM犯了一个罕见的错误，它没有及时封杀DEC的进攻。防御战第三条原则：强大的进攻必须及时封杀。

领导者在低价领域更容易遭到侧翼进攻，IBM的自大影响了它的判断。它觉得，若没有IBM的软件和技术支持，有谁愿意买那些廉价、半成品的小型计算机呢？

结果是，成千上万的企业都想买，而且真的买了。DEC小型计算机的销量一飞升天，DEC成为股市宠儿，其销售额即将突破40亿美元大关。

惠普公司、通用数据公司、霍尼韦尔公司以及其他公司都一窝蜂地加入小型计算机的行列，唯独IBM没有。直到1976年，这位"蓝色巨人"才第一次推出了小型计算机系列，进入小型计算机市场。

但即使是IBM，也耽误不起这11年，再也无法超越DEC了。IBM在小型计算机的市场份额从未超过10%，而DEC则继续以40%左右的市占率控制这个市场。

第 14 章 计算机战

20 世纪 70 年代末，计算机领域再次发生变化。苹果公司、无线电广播室公司（Radio Shack）和"海军准将"公司（Commodore）这些年轻的后起之秀给计算机字典里添加了一个新词：个人计算机。

这一幕就像《圣经》中牧羊人大卫对巨人歌利亚的战斗，大战一触即发。

DEC 对阵 IBM：第二回合

当整个计算机行业从 8 位微处理器，或者"芯片上的计算机"快速发展时，DEC 和 IBM 都在一旁冷眼旁观。

很快，许多公司都成功地生产微型或个人或家庭计算机了。

这些小东西们是什么？你能用它们做什么呢？是把它们放在家里玩游戏呢？还是在学校用来学习计算机科学呢？抑或是在办公室里进行文字处理和记账呢？

这些事情都可以做，而且不止这些。实际上，微型（或者个人或家庭）计算机是一种小型的通用计算机。一台价值只有几千美元的个人计算机，可以完成过去价值 100 万美元的大型计算机才能完成的许多工作。

这本应是属于 DEC 的领地。作为事后诸

之后，DEC 成为全球第二大计算机公司。你不能通过模仿领导者坐上第二把交椅，而应通过与领导者对着干。这是适用于大多数行业的通用原则。

digital
World's largest maker of small computers.

数字设备公司拥有强势地位，本应全力加以防御。鉴于DEC是全球最大的小型计算机制造商，我们强烈建议奥尔森总裁率先推出一款真正意义上的16位商用计算机，旨在"比IBM抢先一步"。但奥尔森认定为时尚早，说道，"采用这种方式会打草惊蛇"。在"第一"和"更好"之间的战斗，前者往往胜出。

葛亮，我们可以很轻松地说DEC本该对它的小型计算机领地进行防御。可是假如你懂得商战战略，即使不是诸葛亮也能预见正确的商业行动。

20世纪70年代末，DEC的实力空前强大。也许正是没有遭遇到IBM的及时封杀，使得DEC有点过于自信了。

用军事术语来说，DEC已经完成了侧翼进攻，应该转入防御战，以守护它的小型计算机领地。防御战第二条原则：最佳的防御就是勇于自我攻击。DEC本应该推出微型计算机，首先向自己的小型计算机地位发起攻击。

然而，DEC没有这个勇气，或者说缺乏这种远见。DEC总裁肯尼思H.奥尔森说："个人计算机将在商战中被打翻在地。"

自从亨利·福特阻击通用汽车高价侧翼战失败以来，这可能是美国商业史上最重大的错误判断了。

奥尔森总裁是一位计算机天才，但天才也有出错的时候。菲奥雷洛·拉瓜迪亚（Fiorello LaGuardia）曾说："我没有犯过太多错误，一旦犯一个，就是重大的。"

假如DEC能尽早坚决地推出个人计算机，它很可能会成为计算机业的巨人，也许比"蓝色巨人"还要强大。因为当时大多数的商业人士都忽视了一个重要的因素。

即个人计算机并非用于"个人",而是用在家里或办公室的商用计算机。市场上没有拥有商用市场信誉的个人计算机制造商,那些制造商都只有家用或爱好方面的信誉。

通用汽车公司会为他们的办公室配备无线电广播室公司的 TRS-80 型计算机吗(爱好者们亲昵地称这种计算机为 Trash 80)?还是"海军准将 Pets"型(Commodore Pets),抑或是"苹果Ⅱ"型(Apple Ⅱ)?

当 IBM 公司加班加点,准备推出 IBM PC 机之时,DEC 依旧两耳不闻窗外事,全然无反应。

DEC 本应集中精力保卫自己的小型计算机领地,可它却把兵力分散到了四个互不相干的领域中。

第一,DEC 开了一些零售店,用以同无线电广播室公司、计算机地带(Computer Land)和成千上万独立的经销店竞争,这是对那些步步为营的竞争对手们很无力的进攻。

第二,DEC 冒险进军文字处理器领域,试图同强大的王安电脑公司(Wang)、CPT、

> **捷威裁员 2 500 人,关闭 188 家零售店**
>
> 这是《纽约时报》2004 年 4 月 2 日的头条新闻。捷威只是开设零售店的众多计算机制造商之一,几年后便关门大吉。从战略上讲,制造商开设零售连锁店本身就存在诸多问题。公司开辟第二战场,不仅会分散兵力,而且也是变相与销售公司产品的零售商竞争。然而,这种渠道扩张的冲动极其强烈,捷威可能不会是最后一家认识到制造商不适合开设零售店的企业。我们希望,苹果计算机能在 iPod 热潮退却后,汲取捷威的教训。

NBI 和 Lanier 等其他一些这一领域的专家对抗。

第三，DEC 继续提升其小型计算机的性能，试图使之成为 IBM 大型计算机的真正对手，这一超级小型计算机阵地耗费了 DEC 大部分的人力和资源。

第四，DEC 花费了大量精力和资源开发复杂的办公自动化系统。

在财务方面，DEC 拿出 2 400 万美元资助特罗奇有限公司（Trilogy Ltd.）。这是一家由吉恩·阿姆达尔（Gene Amdahl）创办的高科技公司，意图研制一种超高速计算机，用以同 IBM 最先进的大型计算机相抗衡。

一方面，DEC 围绕小型计算机主业边缘产品进行风险投资；另一方面，DEC 又拒绝投资真正能保卫其业务根基的个人计算机产品。

1980 年，DEC 是世界上最大的小型计算机制造商。1981 年，IBM 推出了 PC 机。

DEC 对阵 IBM：第三回合

IBM 的 PC 机一经推出就取得了成功，世界并未因此而震惊。传统的观念认为这一胜利应归功于 IBM 自身的强大力量，然而事实却不尽然。

IBM PC 被评为"年度最佳设备"，那一刻 IBM 对个人电脑市场的主导达到顶峰。

第 14 章 计算机战

当然，IBM 在计算机领域占据着优势地位，但那是在大型机领域。而其在小型机方面并无优势可言，小型机市场是 DEC 的天下。然而，由于 DEC 的缺席，IBM 夺取个人计算机市场根本没有遇到任何阻力。旁观者清，我们从一开始就能看清整个局面，因为个人计算机更适用于商业市场，而不是家庭市场。

虽然多数专家都不会承认，但是运气在商战中确实起着十分重要的作用，甚至像 IBM 这样最大的公司也需要靠运气来帮忙。从最初的 Altair 计算机到 IBM PC 机，这 6 年间，根本没有任何拥有商用市场信誉的公司推出任何像样的商用计算机。

在这个方向虽然有过两次小规模的进攻，但都没有起什么作用。1980 年 1 月，惠普公司推出了 HP-85 型计算机，这是 Apple Ⅱ 的一种简单翻版，但这种产品是作为科学和专业计算机研制的，而不是一种商用机型。1981 年 7 月，施乐公司推出了 820 型计算机。

不幸的是，"施乐"在消费者心智中是复印机品牌，仅仅一个炎热的夏季难以改变这种认知。到 1981 年 8 月 12 日，IBM 投下了它的 PC 机炸弹，战局骤然发生转变。

作为第一家推出个人计算机的商用计算

机公司，IBM迅速控制了战局。没有公司能抵御IBM的进攻，因为它们根本不具备这种实力。另外，由于成千上万的商人早就开始从苹果公司和无线电广播室公司等家用计算机公司购买个人计算机，个人电脑早已是个现成稳固的市场。

当IBM在低价位市场展开攻势后，DEC和惠普公司的机会丧失殆尽。

16年前，DEC成功地利用其小型计算机对IBM进行侧翼进攻。而现在，IBM运用了同样的战略，以彼之道，还之彼身，利用个人计算机，对DEC成功发起侧翼袭击。

直到1982年5月10日，DEC才被迫回应IBM，推出了自己的个人计算机。但在这个过程中，他们却犯了一个关键性的错误。

现在，DEC是进攻方，它必须选择IBM的一处漏洞全力进攻。进攻战第三条原则：尽可能在狭长地带发起攻击。然而令人难以置信的是，DEC推出不止一款个人计算机，而是3款，即Rainbow（彩虹）、Professional（专业型）和DEC mate（伴侣）。

品种齐全是只有领导者才有资格享受的奢侈。由于缺乏重点，3款产品的战略注定要失败。到1984年，IBM个人计算机的销量超过了DEC的10倍。由于产品积压越来越多，

有时候，防御方可通过推出系列产品实现盈利，但这种做法几乎不适用于任何进攻方。DEC公司的惨败就是明证。

DEC不得不于1985年年初停止Rainbow的生产（要知道Rainbow是这3款产品中最畅销的一种）。

在这场战斗初期，奥尔森曾说DEC并不介意最后一个进入市场。其寓意很明显，那就是最后进入者可以对其产品类型、特色和价格加以调整，以便在竞争中取胜。

这反映了管理人员心智中的一种根深蒂固的观念，即在市场商战中，总是更好的产品获得胜利。

然而，大多数的计算机专家承认，与先前的Altair和Apple不同，IBM PC机并未给市场带来新的技术，而是利用和每个公司都一样的武器，取得了这场个人计算机大战的胜利。

这种情形同真正的军事战争相差无几。第二次世界大战中盟军的取胜难道是因为拥有比德军更强大的武器吗？美军在越南战场上的失败难道是因为武器落后吗？兵力原则决定了军事战局，同样它也决定了个人计算机大战的胜败。

遗憾的是，在这一点上，计算机业还得从头学起。

10年之后，DEC公司创始人被迫离开，这段传奇就此落幕。1992年7月17日版的《今日美国》写道，"奥尔森一手建立的帝国轰然崩塌。"难道一项战略性失误（竞争早期未能推出个人电脑）就能使这家曾经辉煌一时的公司走向毁灭吗？答案是肯定的。

所有竞争对手对阵 IBM

所有的竞争对手几乎都立即开始用广告对 IBM 展开狂轰滥炸。

"Dimension 是您能买到的性能最强大、兼容性最好的个人计算机。"这是一个广告的大标题。Dimension 的广告说:"我们的价格同 IBM 几乎相同,显然,这样的选择一定是物超所值。"

另一个竞争对手在广告中称:"怎样能只花 1 995 美元就买到一台 IBM PC 机呢?买一台 Chameleon 计算机吧。"

个人计算机战带来了企业自负中最糟糕的一种情况:男子汉气概的较量。

"你不能只凭一时之勇进攻 IBM 和王安电脑",显然这是 Syntrex 计算机试图在广告中证明它的男子汉气概(不,Syntrex,你不能只凭一时之勇进攻 IBM 和王安电脑。你需要钱,而且是大量的钱)。

"为什么你要到一个或许你从未听说过的公司去买一台商用计算机呢?"TeleVideo 计算机的一组 3 页的广告中提出了这个问题,该广告介绍的系统"比你听说过的公司同等系统有更强的性能和更高的可靠性"。

不仅是无名小卒,那些声名显赫的大公

这是 Syntrex 对 IBM 和王安电脑公司正面攻击的广告。除勇气和金钱之外,你还得足够愚蠢才能这么做。

王安电脑公司用于攻击 IBM 的广告。

司也扑向了 IBM。"我们要绞杀 IBM。"这是那个时代的一场典型战役中王安电脑的话，"我们已经准备好了并且正在逼近 IBM。"

甚至美国电话电报公司也瞄准了 IBM。它的广告这样说道："在个人计算机竞赛这个阶段，你实在是应该了解比赛的得分情况。"运行速度、可扩展性、图形能力、兼容性等特性构成了计算机的计分卡，那么比分呢？美国电话电报公司对 IBM 为 5：0（可是市场公认的 IBM 对美国电话电报公司的比分为 50：1）。

另一个对 IBM 重拳出击的是得克萨斯仪表公司（TI）。"得克萨斯仪表公司敢于比较"，这是它将它的计算机与 IBM 做比较时的标题。

不幸的是，得克萨斯仪表公司以其一些重大的失败而闻名。例如，在 1983 年放弃了它的计算机生意，遭受 6.6 亿美元的损失（既然你不能同 Atari、"海军准将"和苹果相抗衡，又怎能奢望同业界"大咖"一较高低呢）。

无线电广播室公司在《华尔街日报》中用整版的广告吹嘘它的 Tandy 2000："性能明显优于 IBM、AT&T、康柏、苹果和惠普。"

各家公司都在宣称其计算机比 IBM 更优秀，一个叫"超越巅峰"（Leading Edge）的公司其做法更是登峰造极。

为什么要把你的个人电脑品牌叫作"无线电广播室"？还有，为什么要将型号命名为 TRS-80？难道是为了鼓励用户称其为"垃圾 80"（Trash 80）？这种命名策略仅适用于没有竞争的市场。曾几何时，TRS-80 是销量最大的个人电脑（"小型计算机中名气最大"，广告中如是说）。"无线电广播室"个人电脑品牌很快销声匿迹，原因显而易见。

"IBM 的个人计算机过时的那一天",这是他们广告中最谦逊的标题,"就是1983年秋天的一个星期一。在这一天,我们推出了'超越巅峰'PC 机,它明显优于IBM PC 机,而价格却只有IBM PC 机的一半。"

既然 IBM PC 已经过时了,乐于助人的门罗公司(Monroe)就告诉你怎么去做。门罗打出广告,"对于一些旧计算机的用途有一些可敬的建议",建议你把IBM PC 当作水冷却器或台灯使用,而"微型计算机的新标准是门罗的'系统2000'"。

1982 年,各家计算机公司广告费用共计不到 10 亿美元。仅仅两年之后,广告费用就激增到每年 30 亿美元,超过了汽车和香烟这两种需要极力宣传的产品。

面对一连串的进攻,IBM 反击了吗?当然没有,因为那并不是最佳的防御战略。

IBM 对阵 IBM

IBM 控制 PC 机市场后便掉转枪口,转入经典防御战略。

"自我攻击"这一战略适用于吉列,适用于通用汽车,同样也适用于 IBM。

这种先进战略的确帮了 IBM 的大忙。

| IBM PC |
| IBM XT |
| IBM AT |

"自我攻击"是市场领导者应采用的战略,IBM 对其 PC 产品也正是利用了这种战略。自 1981 年 8 月推出 PC 之后,IBM 接着推出 XT 和 AT 系列产品。不可思议的是,这似乎是产品线的终结。从那时起,IBM 推出的任何 PC 产品在影响力方面均未超过 XT 和 AT,致使康柏电脑抢先推出下一代个人电脑。

IBM用户都知道,"蓝色巨人"总是不断推出更新更好的产品,以取代过去那些过时的产品。

"比IBM更便宜、更出色"一直是IBM的一种战略,竞争对手们难以击中一个不断移动的靶子。事实证明,IBM的用户和潜在用户一直都在期待IBM的新产品问世。

这些新产品不断以各种样式出现在个人计算机战场上。首先出现的是PC XT,它所配备的硬盘驱动器可以让用户保存长达5 000页的文本。

下一个出场的是PC AT,它装有一个全新微处理器。《华尔街日报》报道说:"IBM的AT计算机给竞争对手和自己其他PC机带来了巨大的压力。由于其令人惊奇的低价格和高性能,AT带来的强大吸引力迫使IBM对手们重新审视自身产品和战略。"文中还提到:"有行业顾问预计PC AT将在一年内超过PC原型机和PC XT销量的总和。"

AT型计算机的推出,使IBM的对手们鸦雀无声。《纽约时报》报道说:"IBM的产品在计算机分销商展览会(Comdex)上所向披靡,作为业界顶级的贸易展览会,它吸引了10万名参观者。"该报指出:"IBM的竞争对手们没有一个能推出可以与PC AT一较高下的计算机来。"

该报报道中说，难怪"凝重的空气弥漫在计算机展览会上"。苹果公司的约翰·斯卡利哀叹道："个人计算机业好像陷入了一个巨大的沟壑中。"

这个沟壑名叫IBM。

不久，那些曾经刊登攻击IBM广告的刊物开始报道攻击者的损失情况。雷西恩公司抛售了它的数据系统分公司，税后损失高达9 500万美元。计算机设备公司、加威兰计算机公司、奥斯本计算机公司、维克多技术公司和富兰克林计算机公司步了第11章中描述的可乐战后尘。

皮特尼·鲍斯公司放弃了文字处理器业务，造成2 250万美元的税后损失。鹰计算机公司、财富系统、哥伦比亚数据产品和矢量图形公司开始遭受巨额亏损。

恐惧笼罩了硅谷。IBM利用这一时机打出广告，"大多数人想从计算机公司得到的，不过是睡上一个好觉而已"，更加重了这种不安。

但是，如果以为IBM是无所不能的，就犯了另外一个极端的错误。公司就和军队一样，只是在所占据的领土上有话语权，IBM也是如此。在人们的心智中，IBM并未占有家用计算机市场的领地。

"睡个好觉"，或许是IBM最具知名度的广告。这则广告强化了一种市场认知，即IBM产品可能价格较高，但始终会一丝不苟地保护广大客户（从没听说过有人因购买IBM而被炒鱿鱼），这种认知是IBM全球服务业务如此出色的原因之一。时至今日，软件和服务占IBM业务的60%左右，硬件业务则要少得多。

苹果对阵 IBM：第一回合

苹果公司利用苹果 II 将它的对手杀得片甲不留，这是第一款和软件一起打包出售的个人计算机。另外，它的"开放式体系"吸引了数百家公司为它设计多种硬件和软件，以满足上千种应用需求。很快，苹果公司分到了个人计算机这块蛋糕中最大的一块，接着它开始应用经典的防御战略来捍卫其领导地位。

苹果 II 是有史以来首款"配套齐全"的个人电脑，这款产品打响了苹果品牌，同时帮助苹果建立了"家用"电脑认知。

首先是苹果 II Plus，接着就是苹果 II e。每种机型都与上一种机型相兼容，每种机型可使用同样的软件，每种机型都可以用来取代上一种机型（最佳防御战略就是勇于自我攻击）。

接下来就是便携式机型 II c 了。虽然它不是作为 II e 的替代产品来设计的，但是它以更低廉的价位提供了更高的性能。所以从某种意义上说，它确实是在与 II e 相竞争。

相比之下，苹果 III 可就远没有那么成功了，它是唯一一款非家用计算机。苹果 III 为办公环境而设计，没能提供同 II 型机那样丰富的软件。与其说它是一款替代产品，倒不如说它是一款补充品。苹果 III 在业内受到冷遇，这可是一个不祥之兆。

在此背景下，被人盲崇为无所不能的 IBM 推出了 PCjr。《时代周刊》报道说："这将是家用计算机的总攻日，"他们预言，"现在IBM为起居室准备了一款产品，它将从一个成功迈向另一个成功。"

然而，起居室是苹果的天下。尽管提供键盘免费翻新，还有便宜1/3的价格优势，并投入1亿美元制作有查理·卓别林形象的广告，也未能使PCjr实现腾飞。

总攻日开始后不到18个月，PCjr就完蛋了，这是由IBM新设置的产品系统部做出的决定。

PCjr的失败或许挫伤了IBM的自负，但是并没影响IBM的钱袋。在PCjr最后一个完整财年里，它只创造了大约1.5亿美元收入，同IBM460亿美元的总收入相比，这实在是一个微不足道的小数目。

有人说PCjr的失败不是战略出了问题，而是产品的问题。也许吧，可是有太多的证据可以证明，如果你没能占领心智中的制高点，徒有一个好产品是远远不够的。胜利通常属于控制了心智制高点的那一方，这就是克劳塞维茨的第二个原则：防御优势原则。

当IBM试图开设零售店来与计算机地带（Computer Land）、微时代（MicroAge）和昂特雷（Entré）等公司竞争时，同样的事发生在这位"蓝色巨人"身上。《财富》杂志把IBM

IBM在办公设备市场拥有强势地位，但在家用市场几乎无足轻重。为什么有人认为IBM家用个人电脑会获得成功？单凭"PCjr"这个名字就让人感觉不太可能。

的问题描述为"零售丛林中的灾难"。

不光是 IBM, DEC、施乐等公司都曾经在零售阵地上丢盔弃甲。重要的不是你的规模大小,而是你所占据的定位。在顾客心智中,前面这些大的生产商,没有一个具备零售实力。

苹果对阵 IBM:第二回合

家用计算机是一回事,而办公用计算机则是另外一回事。现在,计算机业是苹果与 IBM 的再一次较量。只是这次的结局可能有所不同,因为这次是在 IBM 的地盘上较量,苹果试图填补 DEC 退出后在办公市场上留下的真空地带。

约翰·斯卡利(John Sculley)和他的麦金托什型计算机发动了一场广告大战,每年花费 2 亿美元,企图占据办公计算机市场的第二把交椅。

可是苹果公司有一个致命的弱点,苹果是一款家用计算机,而不是办公用计算机。

斯卡利很明智。你可能注意到了,他的麦金托什广告几乎只字未提苹果的名字,他知道必须把麦金托什办公用计算机同苹果家用计算机区分开来。

不出所料,麦金托什在办公设备市场毫无起色。《财富》杂志(1987 年 11 月 9 日)写道,"三年前的正面进攻无功而返,公司开始将麦金托什的销售转入企业市场",这种尝试也以失败而告终,约翰·斯卡利被公司扫地出门。直到今天,苹果公司仅占全球个人电脑市场的 3%。除家用电脑和小企业市场,麦金托什品牌本该向图形处理领域进军。倘若苹果买下 PowerPoint(后被微软以 1 400 万美元收购),麦金托什和 PowerPoint 的完美结合,也许会占领商务市场极大的份额。无论如何,追随者的最佳战略都是在狭窄的战线上发动进攻。

不幸的是，人们仍旧把麦金托什和苹果相提并论，这非常不利于斯卡利的麦金托什。

苹果的共同创始人斯蒂夫·沃兹尼克因这个问题而辞职，他说，"苹果的战略方向错误可怕地持续了5年。"

沃兹尼克还批评了苹果公司管理层，其拒绝对苹果Ⅱ个人计算机的技术发展提供必要的财政支持。

我们认为沃兹尼克先生是正确的，苹果应该致力于家用和小企业用计算机市场。

市场第二对阵 IBM

"今天的个人计算机市场很像20世纪初的汽车工业，"《时代周刊》报道说，"现在，一些具有革命性潜力的新技术正在研究中，它吸引了大批企业的加入，有的公司甚至还起了'苹果'和'海军准将'这样的名字。当然，早期汽车制造商只有极少数能生存下来。"

《时代周刊》最后评论道："没人怀疑IBM就是个人计算机业的通用汽车。现在的问题是，谁将成为福特或者克莱斯勒，而谁又将成为 Locomobile 或 Stanley Steamer㊀。"

谁能成为计算机业的第二品牌？IBM 的

㊀ 这两家都已消亡。——译者注

持续增长，为整个行业提供了一个成为第二品牌的千载难逢的好机会。DEC 曾经有过最佳时机，它是小型计算机世界的领头羊，在商用机方面有一定的信誉和影响力，可是它白白丢掉了这样的大好时机。

有赫兹就有安飞士，有可口可乐就有百事可乐，有通用汽车就有福特汽车，有麦当劳就有汉堡王，可见市场总是有第二品牌存在的空间。

既然存在这样一个位置和这样一个机会，当然也就不乏竞争对手，其中包括美国电话电报公司（AT&T）、宝来公司、康柏、通用数据、惠普、美国国际电话电信公司（ITT）、摩托罗拉、国家现金出纳机公司（NCR）、斯佩里（Sperry）、王安电脑、施乐和天顶（Zenith）。

当然，这还不包括我们的日本同行，即爱普生、富士、日立、美能达、三菱、日本电气、冲电气、松下、三洋和东芝。

是不是感到一头雾水？潜在客户也一样。这时，信任状就成了最重要的商战利器。客户买的不只是计算机，他们买的是整个公司。来看看这些选手的弱点吧。

美国电话电报公司是一家电话公司，而不是计算机公司。

康柏打了两个漂亮的侧翼战，荣登个人电脑市场冠军宝座，一度是全球最畅销的 PC 品牌。1983 年 3 月，康柏首次推出一款手提电脑，并将其命名"康柏"。1986 年 9 月，康柏首次推出一款基于英特尔 16MHz 80386 的 PC，即康柏 Deskpro 386，正是这款产品将康柏推到计算机行业的王座上。

令人难以置信的是，戴尔电脑最终成为个人电脑行业领导者不是依靠比竞争对手更好的产品，而是采用"与众不同"的战略。戴尔是第一家电脑直销公司（最先是电话直销，现在是借助互联网），堪称侧翼战的经典案例（戴尔成功实际上是分销侧翼战的胜利）。

IBM

我们高估了 IBM 品牌的实力。23 年后，IBM 在 PC 市场的损失据说达到了 150 亿美元之巨。我们本应该有勇气坚信，品牌延伸是错误的。但在那时候，我们很难对一家拥有 PC 市场 50% 份额的公司说三道四。

宝来公司是一家大型计算机公司，而在个人计算机方面乏善可陈。

康柏对 IBM 的低价侧翼进攻相当成功，但不太可能改变其进攻战略。

通用数据是小型计算机领域 DEC 的追随者。

美国国际电话电信公司（ITT）是一家联合大企业，在这一市场并不被看好。

NCR 主营国家现金出纳机，而不是计算机。它在计算机方面的成功源自它的零售数据输入系统，这应归功于它在现金出纳机方面的实力。

斯佩里是大型计算机领域的另一个追随者。

王安电脑是一个文字处理器制造商。王安可能有机会，可其在文字处理器方面的优势可帮不上什么忙。

施乐是一家复印机公司。IBM 不可能在复印机方面大有作为；同样，施乐在计算机领域也不会有很大发展。

天顶是电视机制造商。

别提那些日本公司了。它们那种极其谨慎、小心翼翼的方式难以跟上飞速变化的个人计算机世界的脚步。

那么，你猜我们认为谁的机会最大？惠普。

是的，我们认为惠普公司最有可能成为世界第二大计算机公司。惠普在小型计算机方面仅次于 DEC，而且惠普提供的个人计算机和苹果公司的产品几乎一样，都易于使用。

惠普不能通过攻击 IBM 攫取老大地位，没人能取代 IBM。

但是，惠普可以取代苹果公司，成为继 IBM 之后商用计算机市场的第二选择。接下来惠普要做的，就是向市场证明，惠普就是商用机。

过不了几年，市场就会见分晓。

我们对惠普品牌威力的认识未失偏颇。尽管惠普公司商业战略一团糟，但它还是稳坐个人电脑市场第二把交椅。

若在制定战略时不考虑战术结果,必将陷入歧途。

——卡尔·冯·克劳塞维茨

第 15 章
战略与战术

MARKETING WARFARE

"战术驱动战略",这是战争研究得出的最重要思想之一。首先确定有效的战术,然后将其发展成战略。然而,大多数公司却反其道而行之。它们首先制定所要遵循的战略,然后找出保障战略有效执行的各种战术。

有些公司认为,制定战略就是把公司里最优秀的三四个人锁进一间屋子,直到他们给出答案,这种方法常被称作"象牙塔式智囊团"。

还有些公司喜欢把整个高级管理层召集到一个会议中心(或者最好是到加勒比的海岛上),为公司的将来出谋划策。这种方法叫作"远离电话,远离一切"。

这两种方法都企图尽量远离日复一日的战术决策,来做长远的战略思考。然而,这两种方法都不对。

战略服从战术

就像形式服从内容一样,战略应该服从战术。战术结果的取得,是战略的最终目标和唯一目的。如果一个给定的战略不能为战术结果服务,不管它的战略构思多么巧妙,表达得多么动人,这个战略也是错误的。战略应该来自底层,由下而上,而不是自顶层由上而下。

一位将军只有在深入、详尽地了解战场之后,才有可能制定出真正有效的战略。

商业战略应从市场底层的泥泞中发展出来,而不是在象牙塔里的无菌室臆想。那些远离战场、脱离实际的将军,和会议室里的某些首席执行官(CEO)是一丘之貉。

伟大的战略目标是使一切工作在一定的战术层面上顺利进行,而不是其他什么目的。军事行动中,主要的战略目标说白了,就是确保在任何时刻、任何地点,我们都是两个士兵去对付敌人一个士兵。换句话说,就是在战术层面上运用兵力原则。

一个伟大的战略也许让人敬畏,很有灵感,极具魄力而且很大无畏,但是如果不能把兵力在适当的时间和地点投入到战斗中,以完成相应的战术任务,那么这种战略最终必会失败。

战略没有好坏之分,战略本身没有天生的是非标准。它们不同于小说的情节或电影的梗概,只等着人们给它们插上文字和音乐的翅膀。

评判艺术作品的标准,常常是它们的原

我们在 1988 年出版了《营销革命》,重点论述了"战术驱动战略"这一思想,该书至今仍在印刷发行。

卡尔·冯·克劳塞维茨提出的战略原则仍具有根本性指导意义，因此仍被西点军校和全球其他军事院校奉为圭臬。但遗憾的是，哈佛和世界其他商学院竟未将《战争论》这本军事巨著引入课堂。

创性、创造力和想象独特性。而商业战略则不同，只有同客户和竞争对手接触，才能判断出其有效性。

在军事战斗中，战略初学者要从学习刺杀开始。世界上最著名的军事战略家，12岁时便开始了他在普鲁士军队的军事生涯，这可不是巧合。

卡尔·冯·克劳塞维茨知道战争是什么，因为他亲身体验过战争的可怕。他曾在耶拿被法军俘虏，他曾在伯罗的诺参加过拿破仑和沙皇军队的大规模冲突战，他曾参加过别列津纳河战役，眼见成千上万的法军被践踏在哥萨克人的铁蹄下，他还参加了滑铁卢战役。

克劳塞维茨的伟大战略思想，来源于他丰富的实战经验。他知道胜利的重要性，因为他在戎马生涯中曾多次体验过失败的痛苦。

所有伟大的军事战略家都有着相似的经历，他们的战略思想建立在之前的战术实操基础之上，战略服从战术。

炮兵军官

在18世纪末，有皇家血统和皇室姻亲的年轻人绝不会想参加炮兵部队，因为那可是嘈杂、肮脏、费力的苦差事。那时的高才生们都乐于参加骑兵部队，身着精美的制服，骑在马上耀武扬威。

然而，战争在战术层面上发生了变化。当时的骑兵除了用来侦察，在大型的陆军作战中几乎没有什么用武之地（从来没人用骑兵突破过英国人的方阵），最具战术意义、杀伤力最强的武器是大炮。

没人比拿破仑·波拿巴更懂得这一点。这位前炮兵军官在 24 岁就当上了将军，34 岁时登基称帝。

拿破仑战略的高明之处在于大炮的运用，他可以使大炮起到最大的战术效果。拿破仑坚持发挥炮火的机动性，在尽可能近的范围里集中火力，在敌人的阵线上为自己的步兵和骑兵轰开一个缺口。

拿破仑曾说："大炮决定了军队和国家的最终命运，大炮永远不嫌多。"

拿破仑曾是一名炮兵军官，历经锻炼才成为堪称有史以来最伟大的军事战略家。同样，擅长使用商战武器的管理者，会拥有大好前程。以前，电视是关键武器，而现在互联网是关键武器。

坦克指挥官

假如把一门大炮装在一台内燃机上，给它加上装甲和拖拉机的履带，你将得到什么呢？那就是坦克。这种 20 世纪的武器，就相当于拿破仑时代那种能够发射 6 磅重炮弹的大炮。

坦克是第二次世界大战的关键战术武器，巴顿之所以能够成为一名伟大的军事战略家，主要得益于他的军事知识和对坦克的应用。有多少对公关、电视广告和互联网及其他商战武器知之甚少的高管自诩为商业战略家？多如牛毛。

第二次世界大战中最优秀的军事战略家也是从底层学起，这也不是什么巧合。小乔治 S. 巴顿曾是 1917 年康布雷战役的观察员，在这场战役中英军发动了世界上第一场大规模坦克进攻。

1918 年，巴顿被任命为美国第一位装甲部队指挥官。是年年底，他率领坦克部队参加了圣米哈尔的阵地战役。

巴顿运用他的坦克战术突破了诺曼底，并在 1944 年勇猛地打赢了法兰西突破战，他的第三集团军打破了占领阵地的所有已知纪录。

且不提巴顿的个性品质，他的确是一位精明的战略家，他的军事胜利是建立在克劳塞维茨战略思想基础上的。

巴顿说："人们不应该先制订计划，然后让形势适应计划，而应该让计划适应当前的形势。我认为，胜败取决于最高指挥部是否拥有这种能力。"

广告专家

当今商业战争的坦克和大炮就是广告。如果你不知道如何在战术层面上使用广告，那么你这个商业战略家可能有严重缺陷。

由于许多管理人员不懂得广告力量的战

术应用,向严守在战壕中的竞争对手发动了自杀性的进攻,这简直就是第一次世界大战中堑壕战悲剧的重演。巴顿曾说:"敌军的后方是装甲部队的快乐猎场,我们要竭尽全力向那里进攻。"

苹果公司雇用约翰·斯卡利并不是因为他懂得经营饮料厂,或是知晓百事可乐的秘密配方,而是因为他对广告的驾驭才能。

当时的形势对"办公用苹果机"战略非常不利(就像形势对滑铁卢战役中的拿破仑不利一样),可是斯卡利的广告发挥巧妙。他的"1984"广告主题取材于乔治·奥威尔,创造了比任何其他电视广告都更大的影响。

不过,这绝不是说个人销售和其他商战武器都过时了,每种武器都在商战中发挥着各自的重要作用(就像拿破仑时代的步兵所起的作用那样)。但是,如果公司想要赢得重大的商战胜利,广告是至关重要的武器,必须巧妙运用。

(当然了,我们说的广告,是指所有能抵达顾客心智的传播形式,包括印刷品、广播、宣传、直接邮寄、试用、传单和展览。就像装甲部队要配备自行火炮、装甲运兵车和一批包括坦克在内的运载工具。)

反对者能举出许多例子,证明劣质广告

看起来似乎没有什么负面影响。IBM PC 机成功投放市场,看上去并没有受到广告中查理·卓别林的影响。

不错,劣质广告对强大的 IBM 来说不是什么大的阻碍。可是,对于没有 IBM 那样雄厚资源的公司来说,劣质广告带来的可能就是致命的打击。

战略容忍普通的战术

无疑战略要靠对战术的详尽了解发展而来,而矛盾的是,优秀的战略往往并不依赖最好的战术来实现。优秀战略的精髓,是能够不依赖出色的战术而在商战中取胜。

IBM 要赢得 PC 机大战,并不需要依赖出色的广告。IBM 作为第一家推出个人计算机的商用计算机公司,在产品推出前就已经确保了它的成功。正是这一战略使得各种战术得以成功开展,正是 IBM 公司对战术的理解,使它确信要采用这一战略。

尽管认识到了广告的重要性,许多公司高管仍错误地完全依赖于它。他们企图打出"致命一击"的广告,来帮助他们夺取胜利。贝尔吉战役,即 1944 年冬天希特勒在阿登高地的反攻,常常在商业战场上一次次地上演。

企业常常把全部赌注压在大规模广告战上，企图以广告"挽回局面"。

然而，局面很难逆转。原因很简单，如果战略高明，那么就算平淡无奇的战术也能取胜；如果必须用最好的战术才能取胜，那么这种战略就不是很可靠了。

换句话说，依赖出色战术的公司同时也在依赖不高明的战略。所以，倘若一家公司采用下列两种方式，就会失败。第一，蹩脚的战略；第二，出色的战术。历史证明，后一种情况很少出现。

巴顿将军率军穿越法国时，整个世界为之欢呼。然而事实是，即使没有他，盟军照样能够获胜。

没有什么是绝对的。商业战争如同军事战争一样，总有形势极为不利的时候。克劳塞维茨说："形势越是无助，在绝望中进行拼死一搏的可能越大。"

在美式足球赛中，传长球是绝望之举，因为那时只有孤注一掷，奋力一搏。多数情况下，宝洁公司平平常常的战术，就会在现代商战中胜出。

依赖于出色战术取胜的商业领袖，常常很快就指责武器不起作用。而在今天的战场上，这些武器就是广告。

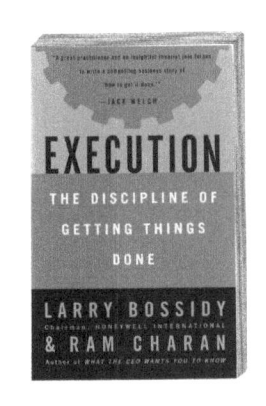

许多管理学著作都笃信，"良好的执行会赢得任何战役"。拉里·博西迪和拉姆·查兰合著的《执行：如何完成任务的学问》就是一个典型代表。

战略指导战术

战斗打响后,那些在战略制定过程中忽视了战术研究的将军常常调回头来,反而对战术变得过于敏感。

假如一种战略是从战术角度合理构建起来的,那么当战斗打响后,战略就应该对战术起到指导作用。

为实现一定的战略目标,一位优秀的将军应该具有忽视战术困难的能力。有时有必要投入大量资源,以占领那些影响整个战略展开的关键点。比如,你也许不得不在一段时期内仍旧经营一些亏损的项目,以便达到一定的战术目标,进而保证总体战略的成功。

反之亦然。比如,当一些可盈利的产品同你的战略不一致的时候,你就不得不削减或放弃这些产品。不论其结果如何,这都可能引发那些注重销售业绩的员工的一些反对意见,而克劳塞维茨一贯强调的是战略的一致性。

除非占领某个地理位置或者某处未设防区域有利于整个战局,否则克劳塞维茨会马上予以否决。克劳塞维茨说:"就像在商业中,商人不能把单次交易获得的收益从整体收益中分离出来。战争也是如此,单项的优势无

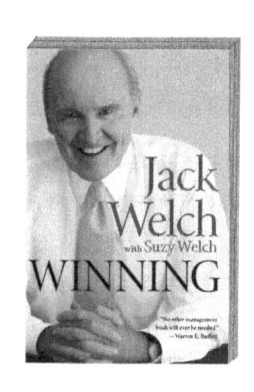

就连杰克·韦尔奇(Jack Welch)(《财富》杂志评出的"20世纪最伟大的经理人")都对战略的重要性不予重视。韦尔奇在其最新出版的著作《赢》(Winning)中写道:"现实生活中,战略实际上非常简单直接,确定总体方向后努力执行即可。"这可能适用于几乎在所有其所参与的市场中都拥有强大领导地位的通用电气,但并不适合大多数公司。

法从整个战斗结果中分离。"

然而，20世纪的商人（如可口可乐生产商）有时就忘记了这条19世纪商人已经很明白的原则。他们推出极易销售的健怡可口可乐，而后泰波可口可乐生意下滑时又表示万分惊讶，这正验证了"单项的优势无法从整个战斗结果中分离"。

公司的战术缺乏战略指导，权力的分权管理是最常见的原因。就像品牌延伸一样，短期内分权管理有一定成效。然而，从长远看，公司必定会为之付出惨重代价。典型的一个例子是美国国际电话电报公司（ITT），它目前正在为其长期的分权管理付出代价。

企业实行分权管理的理由是，这样就可以在一线制定决策。而通过一线去研究战术形势，是制定优秀战略的一个重要组成部分，但这只是一个组成部分而已。需要有人把这些因素结合起来，形成一个连贯一致的战略。

唯一的攻击点

在任何时刻，一个公司的战略只能瞄准一个唯一目标。

这个目标应该优先占用公司的资源，也许我们可以把它称为"唯一的攻击点"。

> "世界上没有人会质疑MCI有能力攫取任何市场15%的份额。"
> "我们在鞋类市场上能占有更多份额，而我们甚至不生产鞋类产品。"
> ——前首席执行官伯特·罗伯茨

一家公司在一个市场上获得成功并不代表它在其他市场上就不会失败。然而，有许多经理人过于自信。MCI前首席执行官有关鞋类市场的言论，便是最好的例证。

当埃克森办公系统推出"心系未来"广告时，表明这家公司已陷入困境。只有陷入困境的公司，才会在广告中声称其会长久地走下去。

可口可乐公司前总裁罗伯托·古兹维塔（Roberto Goizueta）曾说，"在我们国家，有种看法认为，宁可经营两项糟糕的业务，也不要只专注于运作良好的一项业务，这样能分散风险。这种想法太愚蠢了！"

分权管理和缺乏一致性的整体战略必将导致多点攻击，这一点在当今美国商界是一种普遍现象。这些战略中有成功的，也有失败的，但是没有能长期协调运作的。

来看看埃克森（Exxon）那些命途多舛的办公室产品和系统吧：Qwip、Qwyx、Zilog、Vydec、Daystar、Dialog 和 Delphi，它们是埃克森用于开拓办公市场的产品名称。可是，埃克森的整体战略在哪里呢？油和水的混合，比油和办公设备的混合可好多了。

同埃克森的盲目进攻相比，IBM 在 PC 市场的登陆可大不相同。要通过 PC 来实现一个重要的战略目标，也就是其以此来保护公司的大型计算机业务，防止受到低价产品的侧翼进攻。IBM 在 PC 市场投入了大量精力和资源（基于同样的想法，他们曾于几十年前在 IBM 360/370 大型计算机方面进行了同样的运作）。

一些公司常常给子公司配备一定的资金和物资，然后把它们放到战场上放任自流，不加指导。"嘿，拿上这些资产，用它们来赚钱。"这是那些多点进攻公司常见的一种命令。

这些子公司进入市场后，它们的进攻目标常常局限于那些"有机会的目标"。为什么确定一个目标容易完成，对于这个问题可能有一些正确答案。例如，该产品可能没有前途。

以文字处理器为例。当 IBM 大举进军多用途办公计算机市场时，它留下了文字处理器这个相对开放的市场。所以，拉尼尔（Lanier）、CPT、NBI 和其他一些公司纷纷闯入这个市场，试图利用这一有利时机实现这一目标。可是这些公司的明天又在哪里呢？

当华纳通信公司（Warner Communications）买进 Atari 计算机时，它有一个长期的整体战略吗？还是在玩游戏呢？

通用磨坊（General Mills）在埃左氏（Izod）上赔光全部财产前，他们有没有一个战略性计划呢？

你认为美孚石油公司收购蒙哥马利·沃德（Montgomery Ward）公司时，是怎么想的？

过去，这些企业行为是以多元化为借口。然而它们都背离了一个基本的军事原则，即集中兵力原则。

MCI 深陷与 AT&T 这个业界巨人的战斗，为什么还要开辟 MCI 邮件（MCI Mail）这个第二战场呢？从军事角度看，这根本是毫无道理的。随着 MCI 邮件损失的不断加大，这一行动同样毫无市场道理。

当通用汽车公司跑到达拉斯，以 25 亿美元收购罗斯·佩罗特（Ross Perot）的电子数据系统公司时，他们到底想要做什么？可以当然，索尼公司并未达成其"成为 50-50 公司"的目标。相反，索尼今天对消费品的关注远胜于 20 年前。

肯定的是，这没有什么战略性意义。

如果这些行动是意外的话，那已经够糟的了（它们让我们无法拒绝）。如果各公司脱离自己的业务去发展多元化，那么情况可就更糟了。

以索尼公司为例。据《财富》杂志报道，索尼制定了一项名为"50-50"的战略，希望到 1990 年发展成一个半消费品和半非消费品的公司，以取代它"80-20"的现状。这合理吗？

毫无道理！那只不过是把资源从你将要取胜的战斗中，转移到你将失败的战斗中去而已。另外，索尼进行这一运作的时期正好是他们的生意在消费品方面正处于危机的时候。他们的盒式录像机系统（Betamax）技术正在不断让位于家用电视录像机系统（VHS）技术，他们又能怎么办呢？

进攻与反攻

根据物理定律，任何作用力都有一个相应的反作用力。许多商战指挥官在制订作战计划时，都以为敌人根本不会有什么反应，根本不是这么回事。

事实可能正好相反。你把你的价格降低一半，你的对手可能也这样做。对于你的每一个行动，就算你的对手不完全模仿你的最初行动，其也会采取相应行动。

千万不要单方面思考。一个优秀的商业战略应考虑到对手的反击行动，商战的许多原则都谈到了反击的危险。进攻战第二条原则就是：找到领导者强势中的弱势，并聚而攻之。领导者要想阻击进攻，就不得不削减自身的力量，这是他们不情愿做的。

还有一种方法可以分析大举反攻的可能性，即看看市场份额可能的变化。例如，一些公司大胆预言它们将获取市场领导者一半的市场份额。然而其忘了考虑在这一过程中将要发生的你死我活的斗争，忘了考虑受伤的老鹰会拼死争斗。

要考虑到敌人的反扑。你的对手将付出比你更多的资金和牺牲，来保卫他们已经拥有的东西。

毫无疑问，苹果对企业用户市场发起的攻击遭到惨败。你不能正面强攻优势敌军，无论是战争还是商业，都应遵守这一原则。

行动不能脱离战略

不管一个公司要采取何种行动，这些行动都不能脱离它们所蕴含的战略，行动即战略。

然而，许多企业人士认为他们可以将这两者分开。例如，苹果公司曾宣布将进军《财富》500强，它不能就这样往沙发上一坐，说：

"现在，我们的战略是什么？"向《财富》500强进军本身就是苹果公司的战略，考虑到防御方 IBM 的实力，这次进军能否成功，主要取决于这一战略指导的战术是否适用于苹果公司。

当然，通过遵循商战的基本原则，苹果公司可以增大自己取胜的机会。例如，其可以在较窄的战线上发动进攻。但是，这些因素只能在一定程度上有所帮助，而更关键的战略问题是，一个像苹果这样资源有限的小公司能否在 IBM 的地盘上取胜呢？

"只要公司有取胜的信心，那么一切皆有可能。"正是这个错误观念使许多成功的大公司陷入困境。它们通常先确定一个预定目标，接着部署一个特遣队制定战略来实现这个目标，实际上没有什么公司强大到足以这样操作，因为总有一些目标通过这种方式无法实现。

优秀的商业战略家总是生活在战术与现实世界里，他们从来不让自负来影响自己的判断。他们从不试图完成不可能完成的任务，也从不在合理的目标之外发动什么战斗或进攻。他们总是集中精力在那些通过可用战术工具能实现的目标，而从不在那些浮夸的方案和不可能的梦想上耗费精力。

战略不能脱离战术

如果说行动蕴含着战略，那么战略就蕴含着战术。这个连续统一体天衣无缝，试图在其中任何一点割裂它们都将使你饱尝苦果。有关战术的知识可以帮助你制定相应的战略，从而使公司展开一套特定行动方案成为可能。

一旦这一行动得到认可，该战略就开始起主导作用，以指导相应的战术。如果在战术和战略之间设置一个严格的界线，那将阻碍整个进程。

以广告为例，这是大多数商战的重要部分，各公司通常雇用一些代理商来处理广告战的战术问题。可是在代理商开始工作之前，通常这些公司已经制定了自己的商业战略。换句话说，各公司决定了要做什么，而代理商决定怎么做。

这听起来既简单又合理，以至于我们毫无理由指出这一安排的致命缺陷。然而在这两者之间设置的人为界线，将把代理商专业化的战术知识与公司的战略发展隔离开来。

米勒啤酒公司明白在一个品牌名下打造两大品牌的战术难题吗？当然不明白。米勒先制定了战略，然后把战术工作交给了它的两家广告代理商。智威汤逊是否对把两个主要啤酒品牌划归同一品牌下表示怀疑呢？你会不会对盈利5 000万美元的战略产生怀疑呢？要知道，广告代理商每年将从中获得750万美元的收入。

为了在今后的商战中真正取胜，广告代理商必须制定出更多的具有战略意义的规划，各家公司也要学习更多的广告战术知识，看来这两种趋势会同时出现。

然而，现在没有几家广告代理商懂得怎样把它们的广告战术知识转变为战略方案，对广告战术有深刻了解的公司寥寥无几。

有些广告代理商会强烈反对让其考虑更多的战略因素要求，因为他们就是不想为广告方案的成功与否负责，他们更愿意责怪产品本身或者销售人员。

运用后备军

军事指挥官不会在没有充足后备军的情况下发动进攻。克劳塞维茨曾说，"新生后备军数量通常是双方统帅关注的主要问题。"

拥有更强大后备军的统帅掌握着战场的控制权，但却不必把全部后备力量投入到每一次战斗中去。

没有一家公司会把整个年度广告预算在1

月 1 号就全部用完，也没有哪位军事领袖会在同敌人交战时把所有士兵都投入到前线战斗中，后备军的使用和调动常常是每场战斗的关键所在。

一位优秀的将军会尽力在不调动所有后备军的情况下赢得胜利。几乎无一例外，败北的一方通常都是耗尽了后备军的一方。

当然，我们在此探讨的是战术意义上的后备军，是一旦有需要，就能立即投入战斗的兵力。战略后备军则是另一回事，军队不能依靠征募后再进行训练才能使用的士兵。克劳塞维茨警告说，不能依靠战略后备军，他认为这是一种局部的不协调。如果是战略意义上的兵力，那么就不能称其为后备军。也就是说，战斗指挥官一旦下达命令，这些兵力能被马上调动并投入战斗，才算是后备军。

一位企业家倘若投资两项业务而非一项，就会陷入战略后备军的陷阱。一项业务无法作为另一项业务的后备军，因为两项投资都不能在紧急时刻迅速得到清算。最好的做法是投资一项业务，而留下流动资金作为后备军。

这一原则同样适用于那些试图在极短时间内，在太多战线上投入太多产品的公司。其要问的关键问题是："后备军在哪里？"

在 1 000 个卓越人才中，或以智慧出名，或以勇气或意志力而著称，可能却无人能将上述优点集于一身，从而成为领袖中的佼佼者。

——卡尔·冯·克劳塞维茨

第 16 章
商业领袖

MARKETING WARFARE

在全世界商业战场上,各行业的企业高管显得毫无特色,平淡无奇地经营着他们的公司,引不起世人的注意。也许正是因为如此,他们在鼓励或激励员工士气方面也没投入多少精力。这种状况几乎没有什么例外(仅有的例外是通用电气的杰克·韦尔奇、克莱斯勒的李·艾柯卡和花旗银行的约翰·里德)。

许多企业高管都躲藏在多元化和分权管理这两个孪生原则下,以躲避让自己成为焦点。

现今的商业呼唤更多的商业领袖,需要更多的男性或女性自愿承担起规划和指导商业全局的责任。在这亟需优秀战略思想家的紧急时刻,商界却背道而驰,多元化和分权管理正在使企业战略节节后退。有一家《财富》500强企业曾吹嘘,其半数的经理都参与到战略规划中。

巴顿的第三集团军有105名将军,而只

有 1 名负责战略规划。

决策过程涉及的人越多，公司越难出台优秀的战略。我们要做的是让决策过程步步走向成功，而不是节节败退。

分权管理消磨了商业人员的冒险精神。经理们并不是傻瓜，他们知道，只要能突破"解雇线"，就能顺利奔向企业管理顶层。

要想知道你在公司位于这条线上还是线下非常容易。假如你因为无法完成销售目标就被解雇，你就处在这条线之下；假如你因为某人没有完成销售目标而能解雇他，你就处在线上。

注意，你在"解雇线"之上时，你个人并没有什么销售目标。销售成功了，你可以很自然地领受胜利的荣耀；销售失败了，你可以责备他人。你已经在公司占有了一席之地，而且是个不错的位置。

权力分散使"解雇线"越来越低，公司被分割成许多块领地，每个领地都没有足够的力量自行发起大规模销售战役。因此，许多公司的销售活动降级为各种小规模战斗，可以称作商界的"堑壕战"。

我们相信，企业在变革，首席执行官们开始巩固联合各个领地，以便拥有足够强大的力量发动有效的商业战斗。这之后，企业又面临另一个问题：哪里才能找到可以指挥这些大规模行动的商业领袖呢？

这样的人才太难觅了。克劳塞维茨讲道，许多在其他方面拥有杰出才智的人，并不一定拥有成为优秀领袖的才能，1 000个人中也许只有1个。

商业领袖需要具备哪些才能呢？要向弗吉尼亚军事学院、安纳波利斯和西点军校学习些什么呢？

商业领袖必须灵活

商业领袖的主要品质是灵活变通。这种品质并无魅力，通常并不被认为是一种美德。然而，若是缺乏这种品质，军事领袖将毫无建树。作为一位领袖，必须有足够的灵活机动性，使战略适应形势，而不能反之。

许多准商业领袖却背道而驰。他们一开始就采用以往的成功战略，然后才对眼前形势加以分析，几乎总是使形势服从战略。做到这一点并不难，因为"事实"从来就不是确凿的，你总能找到支持自己的理由。

克劳塞维茨说："战争中获得的情报一大部分都相互矛盾，很多的情报是错误的，还有大部分的情报是可疑的。"

在战争的迷雾中，人们很容易就采用过去经过检验的成功战略。对于新人来说，用其他的战略看起来则极为鲁莽，他们常说："让我们带上我们认为有用的东西出发吧。"

有时，下列态度被误认为是一种优点。比如，一个典型的说法是"他有坚定的勇气"。对一位领袖来说，顽固不化、强硬不屈是弱点，绝不是优点。

在商界中，还有一种更毫无意义的姿态。当看到竞争对手降价时，公司管理层说："他们知道他们的产品值多少价钱。"

当一位员工提议向竞争对手发起进攻时，公司管理层又说："我们相信正面进攻，我们的产品要以质取胜，而不能靠诋毁竞争对手的产品。"

优秀的领袖没有固有的偏见。他在做出决定之前，会慎重考虑所有的选择面，聆听所有的意见。

正是头脑的这种灵活性能引起敌营的恐慌。他们无法知道敌人何时何地来犯，毫无准备，防不胜防。

灵活

通用电气的杰克·韦尔奇（Jack Welch）是具备灵活变通能力的商业领袖代表。他从不固守任何产品或服务，如果不是数一数二，他会对其进行整顿、出售或关闭。

商业领袖必须有决断力

关于决断力的谈论多如牛毛，商业领袖

勇气

克莱斯勒的李·艾柯卡是商业领袖决断力特质的典型代表。他通过发动一系列出色的侧翼战，引导濒临破产的克莱斯勒走向胜利。

当然要有决断力。

优秀的领袖拥有无限的决断力，抵制强权，听取八方意见。优秀的领袖头脑开放，集思广益，在需要做出决策的时刻，头脑会及时关闭，深思熟虑，最终有勇气做出决断。

李·艾柯卡总结道：

"如果要我用一个词总结作为一名优秀经理的素质，那就是'决断力'。你可以使用世界上最先进的计算机，也可以收集到所有的图表和数据。但是，最终你得对收集到的信息进行汇总，制定出一张时间表，并且开始行动。"

平庸的领袖都是"强悍"型的："没人能告诉我应该干什么。"他们被商战所吸引，是因为商战和军事战斗极为相似，他们时常也会引用军事术语，谈些"部队""突围"什么的。

"强悍"型的领袖总是守住以往的战略不放，就好像是对过去的决策和战略有过什么感情承诺，这些人在本质上已经迷失了方向。对他们来说，勇气的最终表现是为自己的公司牺牲。

"强悍"型的人却可以成为优秀的领导。领导不必非得是优秀的领袖或战略家。倘若一个公司士气极为低落，来自外部的战略根本没有获胜的指望，公司更加需要领导而不是战略。这时，一个自负、以自我为中心的人可能成为最好的领导，因为这时公司最需要的是内部能够鼓舞士气的领袖。

如果你擅长表演，那么，你既能成为称职的领导，也能成为优秀的战略家。巴顿就常常对着镜子演练他的"战争表情"。李·艾柯卡用这段经典的话激励他的员工："我们有一个，并且是唯一的一个抱负。那就是，我们要做第一。还会有别的吗？"

可是，回到工厂，艾柯卡的战略完全不同。

许多顾问都过分强调士气因素，他们认为单靠士气就能打赢商战。他们错了，反过来才是对的，只有商业胜利才能鼓舞部队的士气。

商业领袖必须大无畏

数年来，军事上颂扬的是身体上的勇气和勇敢，并为此颁发出了无数的奖章。

尽管身体上的勇敢对作战来说非常重要，但对指挥官来说并不是最主要的。领袖不同于士兵，可是许多领袖都企图扮演士兵的角色，而最终为他们的鲁莽付出代价，要么失

汉堡王的杰弗里·坎贝尔很好地诠释了商业领袖所需具备的大无畏特质。他采用"烤而非炸"的战略，向市场领导者麦当劳发起进攻，并大获成功。

败，要么伤亡惨重。

商业领袖们需要的是大无畏的精神，而不是身体上的勇气。时机成熟时，他们必须果断迅速出击。然而，随着在仕途上的步步高升，这些商业领袖却丧失了大无畏精神。

克劳塞维茨说："军衔越高，胆魄越差。"或者说越接近退役，或者股票期权越多，胆魄越差。

机会来临之际，大无畏尤其是一种有价值的特质。唯如此，企业才能因拥有一位知道何时亮剑的指挥官而大受其益。

许多商业领袖在本质上都有一个基本缺点。处于困境时，他们表现出过多的勇气；处于顺境时，他们又过于谨慎。

花旗银行的约翰·里德（John Reed）是商业领袖通晓知识特质的典型代表。他领导花旗银行率先推出自动柜员机（ATM），引发了零售银行业务的巨大变革。

商业领袖必须通晓事实

领袖们要做的是统揽全局。因为随着经验的积累，领袖们在制定大战略时根本就不必通晓每个细节。事实上，专家时常受到最高管理层的轻视。任何人，如果在某一领域的知识过于广博的话，人们总是对他是否拥有宽广的眼界持怀疑态度。

商业战略并非难事，谁都可以制定，每家商业刊物的编辑看来都迫不及待地想告诉美国各家公司经营之道。

真理前进一步就是谬误。每个商业问题都对应一个简单明了的答案，然而这种答案通常都是错误的。可口可乐在宣布变更其配方时，其总裁夸口道："这是我们制定过的最万无一失的决策。"这又是个错误。

克劳塞维茨说："战争中的一切都很简单，然而最简单的事情却是最困难的。"

优秀的商业领袖制定战略时，从基础做起，从细节做起。一旦战略发展完善，就是简单的，但不必非得是"显而易见"的。

商业领袖需要运气

在商业战争中，运气起着重要作用。战略已定，进攻开始，你就要开始为结果做准备了。当然了，如果你执行了正确的战略，运气就会站在你这边。

克劳塞维茨说过："再没有其他人类活动，比战争更普遍地具有偶然性了，战争与打牌最为相似。"

运气离你而去时，你就要准备尽快减少损失。克劳塞维茨说："有条件的投降并不是一种耻辱，一位将军绝不愿意战斗到只剩一个人，一位优秀的棋手也绝不会下一场败局

唐纳德·特朗普（Donald Trump）是"幸运精虫"俱乐部的发起人。唐纳德穷尽毕生精力积累家族财富，而不是挥霍自己得到的遗产。

已定的棋。"

如果艾森豪威尔能做到在朝鲜战争中认输,那么,一位优秀的商业将军也应该能知道何时抽身而退。白白浪费资源以保存颜面毫无意义,不如承认失败,然后投入到另一场商战中去。

商业战场上还有更多的战斗要打,更多的胜利等着去拼搏争取。

商业领袖应该通晓规则

要想打赢一场比赛,你首先必须学习比赛规则,然后你得争取忘掉这些规则。也就是说,你必须学会在不思考规则的条件下进行比赛。

不管是象棋比赛、高尔夫球比赛,还是商业战斗,都是如此。根本没有捷径可走,你必须从学习规则开始,然后反复练习,忘掉这些规则。

网球比赛中,网球手根本就不会考虑握拍姿势,或者想着哪里才是最佳击球点。网球选手要做的是集中精力,想着击败对手。

准商业领袖们首先应该学习商战的原则,然后在作战时忘掉这些原则。优秀的领袖不应该刻意问:"我们正在打的是哪种类型的战争？我们应该运用什么原则呢？"

优秀的领袖应该通晓战争原则，做到驾轻就熟，把精力放在对手身上。就像人们日常的好习惯一样，战争原则一旦掌握，就要忘掉，然后才能无中生有。

现今的商业战争中存在的问题不仅仅是缺乏规则，最大的问题在于，没有意识到首先应该掌握的就是规则。

为了纠正这个问题，商业人士必须开始系统学习商业史，然后提出影响商业战役成败的战略原则。今天，没有什么比战略更重要的了。

战略和时机就是商战中的喜马拉雅山，其他的只是低山矮林而已。

当今企业董事会中，不乏卡莉·菲奥莉娜之辈，他们都是出色的领导者，但绝不是合格的战略家。惠普与康帕的合并，毫无战略意义可言，唯一受益的是投资银行家和妄自尊大的领导者。

结束语

20年前我们编写本书时,从未想到如此之多的美国知名品牌会深深陷入泥潭。我们本来以为美国电话电报公司、通用汽车和柯达等企业会基业长青。

这些实力强大的公司为何表现如此糟糕?当然,你可以说它们战略失误。但为什么?许多深陷困境的大品牌曾被大量顾问簇拥,他们拿着高额报酬,但并未提供实质性帮助以击溃来势汹汹的敌军。

人们会想,董事会是错误决策的最后一道防线。董事会有若干拥有数十年经验的董事,应该始终引导首席执行官或其高管走在正确的路上。我说的对吗?

非也。事实证明,太多董事同时兼任多家企业董事会职务,几乎没有时间处理需要他们全神贯注的问题。抑或,他们是高层管理人员的朋友,而非专家或顾问。

但即使顾问和董事会都帮不上什么忙,至少他们没有造成太多损失。有些时候,他们也能灵光一闪。在我们看来,华尔街才是罪魁祸首。华尔街除了制造麻烦,还是制造麻烦:它经常营造一种气氛,助长糟糕或者无法挽回的事情。它以某种方式建起一间间温室一般的"麻烦工厂",仅仅是为了"增长"而增长,为了销售数字。

著名经济学家米尔顿·弗里德曼(Milton Friedman)曾经完美地表述过这种情形,他说,"我们并不是迫切需要增长,而是迫切渴望增长",这种对增长的渴望是引领许多公司走向绝境的主要动因。增长是"正确行事"的副产物,但其实质上并非有价值的目标。实际上,增长才是遥不可及的目标和错误决策背后的真正推动者。

商战并不是你要做什么,而是竞争对手让你做什么。这无关乎你的股票价格,而是关乎相对于竞争对手你所能赢得的客户数量。